जनक जिग्यासा

राजा जनक और ऋषि अष्टावक्र के
बीच प्रश्नोत्तर रूप में संवाद का
राजस्थानी में पद्यानुवाद

अंजू पारीक

INDIA • SINGAPORE • MALAYSIA

Copyright © Anju Pareek 2023
All Rights Reserved.

ISBN 979-8-89026-981-2

This book has been published with all efforts taken to make the material error-free after the consent of the author. However, the author and the publisher do not assume and hereby disclaim any liability to any party for any loss, damage, or disruption caused by errors or omissions, whether such errors or omissions result from negligence, accident, or any other cause.

While every effort has been made to avoid any mistake or omission, this publication is being sold on the condition and understanding that neither the author nor the publishers or printers would be liable in any manner to any person by reason of any mistake or omission in this publication or for any action taken or omitted to be taken or advice rendered or accepted on the basis of this work. For any defect in printing or binding the publishers will be liable only to replace the defective copy by another copy of this work then available.

॥ वर्णानामर्थसंघानां रसानां छन्दसामपि।
मंगलानाम च कर्तारौ वन्दे वाणी विनायकौ ॥

जनक-जिग्यासा

राजा जनक और ऋषि अष्टावक्र के बीच प्रश्नोत्तर रूपि संवाद
"अष्टावक्र-गीता" का राजस्थानी (ढूंढाड़ी) में पद्यानुवाद

॥ ॐ श्री परमात्मने नमः ॥

जनक-जिग्यासा

(**'अष्टावक्र-गीता' में** अष्टावक्र जी अर राजा जनक के बीच को संवाद)

- **अंजू पारीक**

विषय-सूची

(कोड़े काईं छ :)

समर्पण

(1930-2009)

मेरे स्वसुर परम आदरणीय स्वर्गीय पुरोहित दीना नाथ जी पारीक सिरसी वालों को

जिन्होंने श्रीमद्भगवद्गीता का राजस्थानी (ढूंढाड़ी) में पद्यानुवाद कर समाज को व् ढूंढाड़ी जानने वाले प्रत्येक जन को एक जीवनपयोगी बहुमूल्य भेंट दी जिससे अल्पज्ञानी साधारण जन गीता जैसे महान ग्रन्थ का अपनी भाषा में पाठ-वाचन कर सके और भगवद चरणों में अपना ध्यान लगा सके, जिनकी प्रेरणा से मेरी रूचि ढूंढाड़ी की और हुई और जिनके आशीर्वाद से मुझे यह प्रयास करने का साहस प्राप्त हो सका। यदि मैं इसमें राई

के एक दाने जितना भी सार्थक कर पाई तो मेरा जीवन धन्य समझूंगी।

कोटिशः वंदन मेरे जन्म दाता माता-पिता के पवित्र चरणों में, जिनके आशीर्वाद से मैं कुछ करने लायक बन सकी।

मेरी बात

................मैं एक साधारण गृहस्थ महिला हूँ और अपने आपको विदुषी अथवा शास्त्रों की ज्ञाता कहलाने की अधिकारिणी तो बिलकुल भी नहीं हूँ। मैंने आवश्यक शिक्षा के तौर पर जयपुर से 75 किलोमीटर दूर स्थित बनस्थली विद्यापीठ से, एम्. एड. और फिर राजस्थान विश्वविद्यालय से ऍम.ऐ एल एल.बी की डिग्रियां जरूर अर्जित की हैं किन्तु वे भी मुझे शास्त्रों का ज्ञाता होने का आधार नहीं देती, हाँ! मेरे धर्मपरायण माता-पिता क़े दिए हुए संस्कारों के कारण मेरे विचारों और संस्कारों में, धर्म, और धार्मिक आख्यानों व् पुराणों के प्रति मेरी रूचि बचपन से ही ज़रूर रही है।

मेरा ढूंढाड़ी से कोई दूर -दूर तक रिश्ता, विवाह पूर्व तक नहीं रहा पर विवाहोपरांत परिवार की मातृभाषा क़े रूप में इसी को जाना जिसकी गहराई को जानने का सदैव प्रयत्न ही करती रही तो उसमें पारंगत होना तो बहुत दूर की बात है।

हाँ, जब मेरे स्वसुर जी ने श्रीमद्भगवत्गीता का ढूंढाड़ी में पद्यानुवाद किया, उस लम्बे समय में यदा-कदा मैं रूचि लेकर जब उनसे प्रश्नोत्तर करती तो वे सदैव मुझे ढूंढाड़ी में बतौर मातृ-भाषा रूचि लेने और सीखने को निरंतर प्रोत्साहित करते रहते थे और उनका विशेष जोर रहता था कि घर में, घर के सदस्यों का आपसी संवाद हमेशा अपनी निजी भाषा में ही हो और अपनी भाषा को जानने-समझने, लिखने-पढ़ने की वही प्रेरणा मेरी सास भी हमेशा देती रहती थी जिससे ढूंढाड़ी के प्रति मेरी नज़दीकियां बढ़ती रहीं और एक दिन उसी निरंतरता में

मुझे इस महान ग्रन्थ को इस भाषा में, इसके जानने वालों तक पहुँचाने का ख्याल आया, तो इसे मैं उन्हीं मेरे आदरणीय सास-स्वसुर का आशीर्वाद व् प्रेरणा मानती हूँ कि उस परमेश्वर ने आदेश देकर मुझ से प्रयास करवाया है, और जो प्रयास कागज़ पर इस लेखनी ने पूरा किया उसका नाम हो गया- **"अष्टावक्र गीता का ढूंढाड़ी** में पद्यानुवाद"। जिसको मैंने अपना नाम दिया **"जनक-जिग्यासा"**।

अब मैं कुछ कहना चाहूंगी भाषा-शब्द और शब्दों के अर्थ के बारे में-

मैं अपना सौभाग्य मानती हूँ कि मेरा प्रयास आपके हाथों में है, तो निश्चय ही स्वभाव वश आप के मन में अनेकानेक बातें आना भी स्वभाविक है कुछ भाषा के बारे में और कुछ शब्दों के चयन और उनके अर्थ के प्रयोग-उपयोग के बारे में। संस्कृत शब्दों का अर्थ जानने एवं समझने के लिए किसी भी संस्कृत शब्द कोष का सन्दर्भ लिया जा सकता था किन्तु इस अनुवाद की सटीकता की दृस्टि से मैंने राय बहादुर बाबू जालिम सिंह जी की अष्टावक्र गीता भाषा-टीका, 1971 में जो लखनऊ से प्रकाशित हुई थी, का सहारा लिया जिसने मुझे संस्कृत शब्दों का अर्थ जानने व् उनके सही सन्दर्भ में सही जगह प्रयोग करने में काफी मदद की।

न तो मैं संस्कृत पूरी तरह से जानूं न ही उसके सही हिंदी भावार्थ को, तो ऐसी स्थिति में जगद्गुरु रामभद्राचार्य जी, जो एक प्रख्यात विद्वान्, शिक्षाविद्, बहुभाषाविद्, रचनाकार, प्रवचनकार, दार्शनिक और हिन्दू धर्मगुरु हैं की टीका तथा ओशो जैसे विचारक द्वारा किये गए अर्थों से भाव और आशय समझने का भी मैंने प्रयास उनके द्वारा दिए गए प्रवचनों और व्याख्यानों के माध्यम से किया। इनके अतिरिक्त जिन पुस्तकों के माध्यम से समझने का प्रयास किया उनका आभार मैंने सन्दर्भ-सूचि के रूप में व्यक्त किया है।

कानपुर में मेरा जन्म हुआ, आगरा मेरे पितामह का घर, पिता शुद्ध उत्तर प्रदेशीय सनातन धर्मी, कार्य-व्यवसाय उनका पूर्णतः अंग्रेजी वातावरण का और फिर पढ़ाई बनस्थली में, तो जैसा मैंने बताया करीब अड़तीस वर्ष के वैवाहिक जीवन में परिवार व् आसपास के परिवेश, परिस्थिति, एवं वातावरण में मुझे जितना सा ज्ञान राजस्थानी अथवा ढूंढाड़ी का हुआ उसके साधारण बोलचाल के शब्दों को अपनाकर अथवा जहाँ कोई उपयुक्त वैकल्पिक शब्द हिंदी का, राजस्थानी में नहीं मिला तो उसे हिंदी के मूल रूप में ज्यों का त्यों अपनाते हुए मैंने इस प्रयास का साहस किया है और इसलिए मेरा विनम्र आग्रह है कि यहाँ प्रयुक्त शब्दों में हिंदी, राजस्थानी अथवा ढूंढाड़ी की कोई आधिकारिकता न तलाशते हुए वरन जिस सरल-भाव-भावना से यह बीड़ा उठाया, उसे स्वीकार कर मुझे कृतार्थ करें। यहाँ यह स्पष्ट करना आवश्यक भी है और अपना कर्तव्य भी समझती हूँ कि आज जब कि न तो पूर्णतः विशुद्ध साहित्यिक हिंदी पर निर्भर रहा जा सकता है और न ही स्वरुप खो रही ढूंढाड़ी अथवा अपना एकरूप खोजती राजस्थानी को ही व्यावहारिक रूप से पूर्णतः अपनाया जा सकता है और इसका एक सीधा सा कारण है कि परिवारों में अपनी निज मातृ या स्थानीय भाषाओं का प्रयोग निरंतर कम होता जा रहा है जो करीब-करीब नहीं के बराबर ही रह गया है, मेरी उम्र के लोग तो फिर भी इसमें गाहे-बगाहे रूचि रखते हैं जब कि नयी पीढ़ी के तो तमाम सदस्य हिंदी से भी एक कदम आगे सिर्फ अंग्रेजी प्रयोग को ही अपनी प्रगति का द्योतक समझने लगे हैं। व्याकरण या लिपि के शुद्ध स्वरुप की तो बात ही क्या, दुर्भाग्यवश व्हाट्सप्प ने एक नई ही भाषा और लिपि को जन्म दे दिया है जिसका तात्पर्य सिर्फ भाव या अर्थ समझ लेना है। गाँव देहात तक नई पीढ़ी आपसी बोलचाल में सर्वत्र हिंदी ही अपनाने लगी है और अपने गाँव की मूल या मातृ भाषा बोलने में उन्हें हेयता महसूस होती है, बल्कि

सत्य बात तो यह भी है कि हिंदी भी नहीं बल्कि हिंदी अंग्रेजी और नए आविष्कृत अजीब से शब्दों के मिश्रण से बोलचाल की एक अद्भुत सी भाषा न केवल हमारी स्थानीय बोलियों और भाषा पर बल्कि हिंदी तक पर छाने लगी है, तो ऐसी विषम स्थिति में न तो पूर्णतः शुद्ध ढूंढाड़ी या राजस्थानी शब्द ही मैं ले पा रही थी और चूँकि हिंदी में अनुवाद तो उद्देश्य ही नहीं था तो फिर मैंने उन शब्दों का चयन ही उचित समझा जो व्यवहारिक रूप से इस अनुवाद को समझने में सहायक हो सकते थे।

कुल मिलाकर यह एक साधारण सा प्रयास है ताकि ढूंढाड़ी या राजस्थानी के जानकार, साधारण समझ वाले, मेरे जैसे जिज्ञासुओं को इतनी सी बात पता चल जाय कि यह जो 'अष्टावक्र गीता' के नाम से इतना महत्वपूर्ण ग्रन्थ है आखिर यह है क्या? क्या विषय-वस्तु है इसकी ??

अंत में एक बात और, प्रशंसा अच्छी तो लगती है किन्तु उसमें अगर सच्चाई न हो और सिर्फ मन रखने के लिए की जाय तो उसकी सार्थकता नहीं होगी इसलिए प्रशंसा की अपेक्षा मैं नहीं रखती किन्तु अगर आप सुधि पाठकगण जिनके भी हाथ में मेरा यह प्रयास हो, वे इसकी कमियां सुझाव अथवा अन्य किसी प्रकार की टिप्पणी करेंगे तो न केवल मेरा उत्साहवर्धन होगा वरन यह मेरा सौभाग्य भी होगा इसलिए मैं आतुरता से आपकी प्रतिक्रियाओं की राह देखूंगी।

नई दिल्ली **अंजू पारीक**

जून 2023 **9313774188**

अष्टावक्र जी अर राजा जनक जी का इ प्रसंग का बारा में प्रचलित कहाणी को सार

एक ऋषि छा- ऋषि उद्दालक। बे आश्रम में आपका शिष्यां नें वेदां का अर्थ भोत बिस्तार सें समझावे छा। बां का आश्रम में बां का एक प्रिय और भोत तेजस्वी शिष्य छा -कहोड़, ज्यांसे ऋषि उद्दालक भोत प्रभावित भी छा। जद कहोड़ की शिक्षा पूरी होगी तो उद्दालक ऋषि आपकी बेटी सुजाता को ब्याव कहोड़ की साथ कर दियो।

अयाँ की बात सुणबा में आवे छ क सुजाता आपका बचपन सें ही वेद-पुराणा की बातां सुणती-सुणती बड़ी हुई छी सो बींका मन में या बात बैठगी क म्हारे जो भी बेटो होव बो संसार को सबसे बड़ो ज्ञानी अर बिद्वान हो।

जद सुजाता पेट सें छी, बा दिनां में जद बींका पति ऋषि कहोड़, आपका शिष्यां की क्लास लेता अर बाने ज्ञान देता जद बा भी आपको काम निपटा'र बां के कन्ने जा'र बैठ जाती ताकि बींकी संतान ज्ञान से भरपूर हो अर दुनिया में आबा सें पेली ही तीव्र बुद्धि हाळी हो ज्याय।

सुजाता रोजीना अयाँ ही करती -सुबह उठती, नदी में न्हाबा जाती, ईश्वर की प्रार्थना करती, भोजन बना'र क्लास में जा बैठती।

एक दिन अयाँ हुयो क महर्षि करोड़ कोई वेद मंत्र को उच्चारण कर रिह्या छा क सुजाता का गर्भ सें आवाज़ आयी - थे गलत मंत्र पढ़ा रिया छो। एक एक मंत्र में आठ-आठ गल्त्यां कर रिह्या छो,

यो सुणबो छो क महर्षि कहोड़ नें गुस्सो आगो और आपकी अजन्मी संतान नें गुस्सा में सिराप दे दियो क तू आठ जगां सें टेढ़ो पैदा होवेलो।

अब ज्यों-ज्यों संतान का जनम को समय नज़दीक आबा लाग्यो, दोन्यां नें संतान अर घर की आर्थिक स्थिति का बारा में चिंता होबा लागी-आखिर कांईं होलो? दोन्यूं बिचार कर'र सोच्या क राजा जनक का दरबार में जाणो चायजे।

राजा जनक बीं भगत एक बड़ा सा यज्ञ की तैयारी कर रिह्या छा जीके तणी भोत दूर -दूर सें बड़ा-बड़ा ज्ञानी-महात्मा, ऋषि मुन्यां ने बुलायो जा रहियो छो। महर्षि कहोड़ भी पोंछ गा।

राजा जनक ई यज्ञ की तैयारी भोत दिनाँ सें कर रह्या छा बांका यज्ञ का पूरण होबा में एक ही बाधा आ रही छी-बा छी महर्षि बंदी (वंदिनी) की शर्त।

महर्षि बंदी (वंदिनी) राजा जनक के सामने शर्त मेली छी क जद तक कोई बानें शास्त्रार्थ में नहीं हरा दे लो जद तक बांको यो यज्ञ पूरण कोने हो लो, अर शास्त्रराथ में हार बाळा नें जल समाधी लेणी पडेली।

कई ऋषि-मुनि बिद्वान, बंदी सें शास्त्रार्थ करबा गया अर हारगा अर सबनें जल समाधी लेणी पडी।

महर्षि कहोड़ भी गया अर शास्त्रार्थ में हार गा। बानें भी जल समाधी दे दी गयी । अब तो सुजाता बड़ी दुखी हुई अर आपका बिचार पर पछताबा भी लागी। थोड़ा दिनां बाद सुजाता एक बेटा

नें जनम दियो बो बेटो आठ जगां सें टेढ़ो छो, ई वास्ते बींको नाम राख्यो-अष्टावक्र।

अष्टावक्र तो गर्भ सें ही सारो ज्ञान ले'र पैदा हुआ छा अर फेर बच्योड़ो ज्ञान अर शिक्षा भोत जल्दी बे पूरी कर ली। बां का नाना उद्दालक भी बां'से भोत प्रभावित छा।

पिता की गैर मौजूदगी में अष्टावक्र जी आपका नाना उद्दालक ने आपको पिता अर मामा श्वेतकेतु नें आपको भाई समझे छा। एक दिन बे उद्दालक की गोद में बैठ्या छा क श्वेतकेतु बा'नें खींच'र नीचे उतार दियो अर बोल्यो ये म्हारा पिताजी छ थारा कोने ।

तो बे आपका पिता का बारा में जाणबो चायो। सुजाता बानें कहोड़ अर राजा जनक का बारा में सारी बातां बताई जद बे राजा जनक का दरबार में जाबा को फैसलो करयो अर गया आपका मामा श्वेतकेतु की साथ बंदी ने शास्त्रार्थ के तणी ललकारबा।

महल का दरवाज़ा पर ही बानें चौकीदार रोक लिया आठ जगां सें टेढ़ो देख'र। आपका तर्क अर ज्ञान भरी बातां सें सब नें चुप कर'र अष्टावक्र जी राजा जनक का दरबार की तरफ चल दिया।

दरबार में पोंछ्या तो यां'का शरीर की बणगट देख'र बैठ्योड़ा सारा दरबारी अर बाकी लोग याने देख'र ज़ोरका ठहाका लगा-लगा'र हँसबा लाग गा।

बानें हँसता देख'र अष्टावक्र जी भी जोर जोर सें हँसबा लाग गा। ई अजीब सी स्थिति में राजा जनक आपका सिंघासन से ऊठ'र अष्टावक्र जी कने गया अर बानें आदर की साथ प्रणाम कर'र पूछबा लाग्या- महाराज! आपका हँसबा को कारण कोने पतो लाग्यो इको समाधान करो!

अष्टावक्र जी बोल्या-पेली थे या विद्वानाका हँसबा का कारण को खुलासो करो महाराज।

इत्ता में एक सभासद ऊठ'र बोल्यो- म्हाने थारी काया की बणगट देख'र हंसी आरी छ।

अष्टावक्र जी बोल्या- महाराज ! मैं तो सुणी छी थां'का दरबार में समझदार अर भावुक लोग छ, इंसान की कदर कर बाळा पारखी लोग आपका मंत्रिमंडल में छ पण मने भोत कष्ट हो रहियो छ क अज्ञानयां की जमात एकठी कर मेलि छ थे तो, बस या ही देख'र हंसी आगी मने।

महाराज! आप या कांई खे रिह्या छो ? आपनें अयाँ या बिद्वाना को अपमान न करणो चायजे- राजा जनक बोल्या।

महाराज! मैं ठीक ही तो खे रह्यो छूँ, या लोगां नें मैं और कांई खेवूं जो म्हारा शरीर की बण गट नें देख'र हंस रिह्या छ म्हारी चेतना नें तो परखबा की कोसीस भी कोने कर रिह्या। याने पूछ'र मने तो इत्तो सो बता दयो क ये घड़ा पर हंस रिह्या छ क कुम्हार पर ? या सुणता ही राजा जनक अर सब विद्वाना नें आपकी गलती को अहसास होगो।

राजा जनक अष्टावक्र की परीक्षा लेबा ताईं घणा करडा सा सवाल पूछ्या ज्यां का जवाबां सें संतुष्ट अर प्रसन्न हो'र राजा जनक अष्टावक्रजी नें बंदी सें शास्त्रार्थ की इज़ाज़त दे दी।

शास्त्रार्थ में बंदी ने अष्टावक्र जी पराजित कर'र राजा जनक नें बोल्या-राजन! यो हार गो छ, अब इ नें भी जल-समाधी दी जाय।

जद बंदी बोल्यो- महाराज! मैं वरुण को पुत्र छूँ अर मैं सारा हारयोडा ब्राह्मणा नें म्हारा पिताजी के कने भेज दियो, अबार सब नें आपके सामने उपस्थित कर द्यूं छूँ। इत्तो बोलता हीं

शास्त्रार्थ में हारयोडा सारा ब्राह्मण राजा जनक की सभा में उपस्थित होगा ज्यामें अष्टावक्र जी का पिता कहोड़ भी छा।

अष्टावक्र जी आपका पिताजी का चरण स्पर्श करया, पिताजी प्रसन्न हो'र आशीर्वाद दे'र बोल्या -पुत्र! तू जा'र समंगा नदी में स्नान कर, जीं का प्रभाव सें तू शाप मुक्त हो जाय लो। फेर जद अष्टावक्र जी समंगा नदी में स्नान करया' तो बांका सारा टेढ़ा-मेढ़ा अंग सीधा होगा। अलग-अलग बिद्वान, अपणा-अपणा ढंग सें ईं प्रसंग को बर्णन कर्यो छ पण सार की बात जो मने भाई बा मैं अंडे निवेदन करी छ।

सभा भंग होगी, सबके तणी बात आई-गई होगी पण राजा जनक रात भर सो कोने सक्या बानें बीं घटना को भोत पश्चाताप हुयो।

खैर! बे दूसरे दिन जद घूमबा निकळ्या तो बीं ही बाळक अष्टावक्र नें खेलतां देख'र घोडा सें नीचे उतरया अर बांका चरणां में पड़'र बोल्या- आप तो म्हारी नींद तोड़ दी ज़रूर आप में कोई बात तो छ ? आत्मज्ञान की चर्चा कर बाळा, शरीर पर हँसे तो बे ज्ञानी कैयां हो सके छ ? प्रभु आप मने ज्ञान द्यो।

फेर राजा जनक बीं बाळक सें विधिवत दीक्षा ले'र ज्ञान की शिक्षा ली। सबसें पेली अष्टावक्र जी बोल्या- जो जो अज्ञान छ बी नें जाण ले बो ही ज्ञान की शुरुआत छ।

अब बांकें अर राजा जनक के बीच जो प्रश्नोत्तर रूप में संवाद हुयो बो ही "अष्टावक्र-गीता" का नाम सें ज्याणो जाय छ। थोड़ा सा पन्नाँ की ई किताब में दर्शन-जीवन अर धर्म सें जुड़्योड़ा प्रश्न अर बांका उत्तर छ।

जनक - जिग्यासा को सार संक्षेप

अष्टावक्र गीता अद्वैत वेदान्त को एक ग्रंथ छः जो ऋषि अष्टावक्र और राजा जनक का संवादा का रूप में छः। भगवद्गीता, उपनिषद और ब्रह्मसूत्र की जियां अष्टावक्र गीता भी एक अमूल्य ग्रन्थ छः। ई ग्रन्थ में ग्यान बैराग मुगती अर समाधी बैठ्योड़ा योगी की दसा को बरणन छः। जनक-जिग्यासा की शुरआत राजा जनक का पूछ्योड़ा तीन सवालां (परसनां) सें हो छः-

(१) ज्ञान कयां होवे छः अर

(२) बैराग कयां होवे छः अर

(३) मुगती कयां होवे छः?

सगळा अध्यात्म को सार या तीन परसनां में ही समायोडो छः।

"मुगती" अध्यात्म की सबसे ऊँची स्थिति छः जींके तणी पेली शर्त छः बैराग को होबो या आसक्ति को त्याग। जीं स मिले आतम ग्यान अर आतम ग्यान सें मुगती।

अष्टावक्र जी का तीन वाक्यां का उपदेस सें ही जनक जी ने बीं जगां ही आत्मानुभूति होगी।

'आत्मानुभूति' को अरथ छः मन में हो बालो बो स्वाभाविक ग्यान जीं से कोई बात बिना सोच्यां अपणा आप ही सामने आ ज्याय या आत्मा का सरूप आदि का बारा में हो बाळा अनुभव

या ग्यान या फेर जीवात्मा अर परमात्मा का बारा में होबा लो ग्यान।

राजा जनक जी महाराज नें इत्ती आसानी सें 'आत्मानुभूति' कयां होगी या बात समझबा ताँई बांकी प्रबुद्धता अर बांका इस्तर (स्तर) नें समझणो पड़ेलो अर बीके तणी साधारण बुद्धि हाला अर्जुन का उदाहरण सें, समझ्यो जा सके छः क भगवद्गीता में अर्जुन तरयां-तरयां की दिमागी उलझनां में फंस्योड़ो छः। न बीने कोई ग्यान प्राप्ति की इच्छा, न बीने कोई खुद का कर्तव्य को बोध अर न ही आपका गुरु ताँई कोई निष्ठा। असल में झूठा तरक दे -दे -र बो आपका कर्तव्य कर्मां सें भाग बो चार'यो छः, बो प्रज्ञावान कोने।

प्रज्ञावान को मतलब छः जीं में बुद्धि अर ग्यान दोन्यूं हो, पण बो प्रज्ञावान हो बा की जगां भरमायोडो छो, भरमित छो बीने तो कृष्ण का व्यक्तित्व को पतो ही जद चाल्यो, जद कृष्ण बीनें आपका बिराट रूप को दरसन करायो फेर बो नत-मस्तक होर आपका कर्तव्य को बोध करयो।

बिपरीत अर्जुन के, राजा जनक नम्र, सुद्धचित्त प्रतिभा संपन्न अर मुमुक्षु (मोक्ष की इच्छा राखबाळा) छा । बे गुरु में पूर्ण निष्ठा की साथ समर्पित हो र आपका प्रश्न करया, एक भी संका कोने उठाई, गुरु को ग्यान जस की तस अपणा में उतार लियो, समाहित कर लियो। पूरण बोध सूं घटना घटगी।

आत्मग्यान में समस्या ग्यान की कोने, समस्या उलझयोड़ा मन की छ। सारो बखत तो मन की सफाई में ही बीत ज्याय छ फेर भी मिनख रीतो ही रह ज्याय छ। सुद्ध अर साफ़ मन को होबो पेली सरत छ जींसें गुरु परसादी मिलबा में देरी कोने होय। जनकजी जसि पात्रता राखबाळो कोई भी मिनख इ ने गंभीरता सें हृदयगत कर सके छ। ई'में धरम, जाती, देस, सम्प्रदाय काल काईं भी बाधा का रूप में आडो कोने आ सके। क्यूं कि जनक

जी प्रज्ञावान छा ई वास्ते बाने थोड़ा सा प्रयास सें ही आत्मबोध होगो।

पूरब जनम की पात्रता अर ई जन्म में मोक्ष पाबा की इच्छा, या दोन्यूं कारणां का एकठा होतां ही घटना घट ज्याय छ। पूरब जनम का ग्यान का कोई कने 5 अंश होवे छ, कोई कने 10 अर कोई कने नब्बे। अर यो ही उपलब्धि की भिन्नता को कारण बण ज्याय छ। सुणबा में आवे छ क विवेकानंद जी जद रामकृष्ण परमहंस जी सें परमात्मा का होबा को प्रमाण पूछ्यो तो बे बाने अष्टावक्र गीता पढ़बा नें दी अर बोल्या या मने बांच'र सुणा दे म्हारी निज़र कमज़ोर छ, फेर या भी सुणबा में आवे छ क विवेकानंद जी अष्टावक्र गीता नें पढ़ता-पढ़ता ही ध्यानस्थ होगा अर बांका जीवन में क्रांति घटगी।

चार प्रकार का मिनख खया गया छ -

1. ग्यानी : ज्यानें ग्यान प्राप्त हो चुक्यो।
2. मुमुक्षु-ज्याने मोक्ष तणी ग्यान पाबा की लालसा छ अर बे बीनें हर कीमत पर पाबो चावे छ;
3. अग्यानी- ज्यानें सास्त्रां को ग्यान नरचयूं ही कोने अर बाने पाबा में, समझबा में कोई रूचि भी कोने;
4. मूढ़- ज्यानें अध्यात्म-जगत को न तो काईं पतो, न बे जाणबो चावे अर ढोर-ढांढां की जियां सारीरिक क्रियावां ने पूरी करे छ। ईमें मूढ़ सें अग्यानी, अग्यानी सें मुमुक्षु अर मुमुक्षु सें ग्यानी श्रेष्ठ छ, सबसे अच्छी स्थिति में छ।

आंधा मिनख ने जयां सूरज को दरसण कोने करा सकां, रंगां को ग्यान कोने दे सकां बयां ही प्रेम, दया, करुणा, आनंद, दर्द पीड़ा यां सब ने भी दिखा कोने सकां, ये सब आपका निजी अनुभव सें ही समझ पड़े छ, अर यां का होबा को प्रमाण भी कोने दियो जा सके।

बुद्धि की भी सीमा छ, बा इन्द्रयाँ का बिसयाँ ने जाणे छ, पण आत्मा, परमात्मा, ब्रह्म बींकी पकड़ से बारे छ क्यूंकि यांको ग्यान ध्यान सूं, योग सूं, समाधी सूं प्राप्त हो छ। ई ग्यान ने पाबा ताईं निर्विकार चित्त अर साक्षी भाव चायजे।

निर्विकार को मतलब छ जीमें कोई विकार न हो कोई दोस न हो। साक्षी भाव को मतलब बतायो गयो छ क -

"खुद की गतिविधयां नें, बामें लिप्त हुयां बिना, एक दरसक की जियां देखबो साक्षी भाव छ। खुद नें तटस्थ राख'र आत्मा अर सरीर नें अलग मानता हुयां, खुद नें खुद दरसक की जियां साक्षी भाव सें देखबो साक्षी भाव छ जो आदमी नें सारा दुक्खा सें अर उपाधयाँ सें अलग कर दे छ।"

भगवान बुद्ध भी या ही खिया छ क -समझबाला ताईं बोध अर नासमझ ताईं विधयां (यम-नियम को साधबो, आसन, मुद्रा, प्राणायाम, जप-तप, गायत्री पुरस्चरण अर पूजा-पाठ आदि)

राजा जनक जी छा परम् बिदवान, बानें अष्टावक्र जी कोई भी विधि कोने दी, सीधो बोध हुयो अर बे जाग गा। यो बांको खुद को कोसल छो। गुरु बांकी पात्रता-योग्यता देख'र आपकी पूर्ण सकती को प्रयोग करयो अर बे सुणता सुणता ही आत्म-ग्यान नें प्राप्त कर लियो।

अष्टावक्र जी को ग्यान प्राप्ति के तणी जो उपदेस छो बो इत्तो ही छो क आत्मज्ञान तांई, काईं भी करबा की जरूरत कोने। क्रियावाँ जो भी छ बे तो सिरफ बंधन मात्र छ क्यों क हर क्रिया की साथ हमेशा फल की एक कामना जुड़्योड़ी रह छ अर हर क्रिया की प्रतिक्रिया हो छ। बा फळ की कामना अर प्रतिक्रिया ही मुगती में बाधा बण ज्याय छ।

अष्टावक्र जी को सारो उपदेस बोध को छ, जागरण को छ। मिनख सरीर- मन बुद्धि, अहंकार, क्रोध, लोभ, मोह, मद (नसा)

में जीवे छ अर ये ही सब बे कारण छ, ज्यांसें बींकी रूचि हमेशा ही भोगां में बणी रहे छ।

जीवन कोई समस्या कोने, इनें देखबा को नजरियो ही इनें समस्या बणावे छ अर ईं कारण पेली तो मकड़ी की जियां आपका बणायोडा जाळ में फंस ज्याय छ अर फेर निकळबा तणी छटपटावे छ, सब आपका बणायोडा बंधन छ।

मिनख न तो सरीर छ, न मन, न बुद्धि, न अहंकार। बो तो सुद्ध चैतन्य (आत्मा) मात्र छ अर सरीर की या चेतना ही आत्मा छ। सगळा संसार की आत्मावां को एकत्व भाव ब्रह्म छ। ये दोन्यूं अभिन्न छ, न ये चैतन्यकर्ता, न भोक्ता न ईंको बंध, न ईंको मोक्ष। यो तो सबको साक्षी, निर्विकार, निरंजन क्रिया रहित अर स्वयं परकास छ। यो सारी सृष्टि में समायोडो अर सारी सृष्टि ईं में व्याप्त छ। सारी सृष्टि को आधार यो चैतन्य ही छ। सृष्टि अनित्य छ, शास्वत (हमेशा रहबा हालो) छ नित्य छ अर यो ही अष्टावक्र जी का ग्यान को मूल तत्व छ।

अष्टावक्र जी खे छ क -या सन्सारी बिसयांके ताईं जो थांकी आसक्ति यानि मन को लगाव, अनुराग, प्रेम, मोह छ बीनें विष ज्यान र छोड़ दयो अर अपणा आप नें सुद्ध चैतन्य मान र बीमें निष्ठापूर्वक थिर हो जाओ-यो ही ग्यान अर मुगती को रहस्य छ।

अध्यात्मिक उपलब्धि में गुरु की महत्ता अर महत्व सबसे ऊँचो छ, सरोपरी छ। ईश्वर भी गुरु का माध्यम सें ही सिस्य की सहायता करे छ पण खुद की पात्रता-योग्यता भी बीं उपलब्धि के तणी ज़रूरी छ, अर पात्रता बई ज़रूरी छ मुमुक्षा, प्रखर प्रज्ञा, श्रद्धा, समरपण को भाव, नम्रता, अर पूरब जनम में अर्जित हुयोड़ो ग्यान अर संस्कार।

मिनख को जीवन एक नहीं कई जन्मा की ज़ंज़ीर की कड़्यां में से एक कड़ी छ। जीवन में करयोड़ो हर काम बींके आगला

जनम पर आपकी छाप छोड़े छ। ज्ञान पाबा की लालसा पूरब जन्म का संस्कारां के बिना कोने हो सके। सद्गुरु की किरपा सें ग्यान को यो परसाद मिले छ।

जनक जी की जिग्यासा जियां सांत हो'र आपकी पात्रता सिद्ध कर दी ठीक बयां ही-

गुरुर्ब्रह्मा;गुरुर्विष्णु;गुरुर्देवो महेश्वरः, गुरुर्साक्षात परब्रह्म तस्मै श्री गुरुवै नमः।

सत-सत नमन करता हुयां, म्हारी जसि संस्कृत की अणपढि, ढूंढाड़ी या राजस्थानी की अल्प सें भी अल्प ग्याता, विद्वता सें अणजाण 'जनक जिज्ञासा' का रूप में अनुवाद करबा की समझबा की अर समझाबा की एक छोटी सी कोसीस भगवत किरपा सें करी छ जो म्हारी ज्याण में म्हारा माता-पिता को सबसे बड़ो आसीस मैं समझूँ छूं। मैं या छोटी सी कोसिस भी शायद न कर पाती अगर महापुरसां की लिख्योड़ी आदर जोग किताबां न पढ़ती अर प्रवचन न सुणती क्यूँ क बाने पढ़बा-सुणबा सूं ईं, इत्ता कठिन बिसय ने समझबा अर इ पर लिखबा को प्रयास करबा की इच्छा ज्यागी, जींके वास्ते मैं बा सब विद्वानां अर बांकी रचनावां की अपणा आप ने ऋणी मानूँ छूं अर हिरदे सें आपकी कृतग्यता अर्पित करूँ छूं, साथ ही या प्रार्थना भी करू छूं क, कोई भी बिद्वान पाठक ने ई में कोई साधारण या असाधारण गलती लागे तो 'छोटन को उत्पात' समझ'र मने क्षमा भी कर दे अर मने लिख'र बता भी दे जी'सें मैं सुधार भी कर सकूं।

-:::: जनक-जिग्यासा ::::-

अष्टावक्र जी अर राजा जनक के बीच को संवाद

पेलो परकरण

(विसयां को परित्याग कर आत्मा सूं चैतन्य में थिर होबो ही मुगती छः)

राजा जनक पूछ्या-
हे प्रभो!
ज्ञान कैंया प्राप्त हो? मुगती कैंया मिल सके?
बैराग कैयां प्राप्त हो, या मने बताओ थे- ॥ 1 ॥

अष्टावक्र जी बोल्या-
मोक्ष जो तू चावे छः तो विसयां ने ज़हर नाईं त्याग दे,
छमा, दया, संतोस, सत्य - सरलता, अमरित नाईं पीतो रह
॥ 2 ॥

न तू पिरथी, न तू जल- अग्नि-वायू न आकास तू,
मुगती पाबा के तणी, यांको चैतन्य रूप साक्षी तू ॥ 3 ॥

चैतन्य कर दे अलग तन सूं, परम् सांति पावेलो,
होलो तुरत ही तू सुखी, बंधन-मुगत हो जावेलो ॥ 4 ॥

आश्रम बरण अर ज़ात-पांत अर, इन्द्रयाँ को नहीं विषय तू,
निरलिप्त, निराकार, साक्षी! जगत को या मान'र हो जा सुखी
तू ॥ 5 ॥

हे विभो!
न तू करता, न तू भोगता धरम-अधरम सब मन का छ,
दुःख सुख भी न जुड़्या थार सें, ये सब मन का भरम छ
॥ 6 ॥

आतमा सो परमातमा, जाण तू ईं बात ने,
तू ही द्रष्टा, तू ही आतमा, पिछाण अपणा आप ने ॥ 7 ॥

तीन्यूँ कालां को करता मान, अभिमान भरम क़े मांय तू,
मैं करता छूं या जाण-मान, सर्प डस्या की नाईं तू।
मैं तो निमित्त मात्र छूं, या मान अर या जाण तू।
बिसवास रुपी अमृत पी, सुखी होबा की ताईं तू ॥ 8 ॥

मैं एक विशुद्ध ज्ञान छूं, या निस्चयरूपी अगनि जळा,
बीं स जळा अग्यान ने, अर सोग सनताप ने कर विदा
॥ 9 ॥

जद लागे यो संसार कल्पित, रस्सी में कल्पित सांप जियां,
बो ही छ असली (परम) आनंद, बी में तू! सुख सें बिचर,
जीवण सर्प रस्सी सो छः, निकळ भरम सूं ब्रहमाण्ड भर,
ग्यान रूप ज्यो आनंद छः, बीमें सदा सुख सूं बिचर ॥ 10 ॥

अभिमान सें तू मुक्त छः तो समझ निस्चय ही मुक्त छ,
अभिमान करे जो बंधन को तो मूढ़ सदा बंधन में छ,
जयां की बुद्धि राखेलो बसी ही गति हो जाय ली,
ईं बात ने तू समझ ले तो संसार बंधन सूं मुक्त छ ॥ 11 ॥

आतमा छ पूर्ण शाश्वत और अभिन्न साक्षी छ,
आतमा छ असंगी, पवित्र और निष्पृहि* शांत छ,
आतमा अलग न थारे सें, न तू ईं से न्यारो छ,
मूढ़ अर अज्ञानी खे, आतमा न्यारी परमातमा सें **॥ 12 ॥**

मैं अहंकारी जीव छूं, ईं बेम नें तू छोड़ दे,
कूटस्थ** छूँ, अद्वैत छूँ ग्यान छूँ अर नित्य छूँ,
छूँ सुद्ध सें भी सुद्धतर, ईं भाव ने तू जाण ले,
असी बणा'र सोच तू, निःशोक हो सुख सें बिचर ॥ 13 ॥

"मैं देह छूँ" ईं पास में तू जकड़ रह्यो छ,
युगां सें, ईं अभिमान में तू भटक रह्यो छ,
देह-इन्द्री कोने मैं, "मैं बोध छूँ", ईं ने समझ,
बारे निकळ, आनन्द सूं, और तू सुख सूं बिचर **॥ 14 ॥**

---

* जींकी कोई चाहना या इच्छा न हो

** 'कूटस्थ' शब्द भारतीय दरसन में आत्मा, पुरुष ब्रह्म अर इस्वर के तणीं काम में लियो जाय छ। गीता का हिसाब सें, आत्म साक्षात्कार होबा सें, योगी कूटस्थ अर जितेन्द्रिय हो ज्याय छ (मनुस्मृति में अस्या आदमी ने जितेंद्रिय मान्यो छ जीने सुणबा, छूबा, देखबा खाबा अर सूँघबा से हर्ष या विषाद न हो) फेर बीने बीं अवस्था में जीवन को कोई भी द्वन्द प्रभावित कोने कर पावे। कर्मबन्धन सें मुक्त हो'र फेर बो मोक्ष प्राप्त कर ले छ।

तू असंग, किरया रहित, तू खुद परकास अर निरदोस,
परम् ने पाबा के तणी, जग्ग करबो थारो दोस **॥ 15 ॥**

यो जगत थार सें ब्याप्त छः, पोयोड़ो थारे में ही,
तू यतार्थ चैतन्य छः थारे चित्त में, बिकार नहीं ॥ 16 ॥

तू निरपेक्ष छः, निरविकार छः, तू सांत छः तू मुक्त इस्थान छ,
तू अगाध बोध रूप छः, या जाण'र चैतन्य निष्ठावान हो
॥ 17 ॥

ईं आकार रूप नें तू मिथ्या जाण, ईंके बिना तू छः अचल,
जीवन-मरण सब ख़तम छः, तू बस एक निरमल, सत्य अटल
॥ 18 ॥

जियां दरपण में, व्हे छांया बियाँ थार'में सन्सार छ,
मत देख बारला सन्सार नें, निज नें देख, सुख सें बिसर
॥ 19 ॥

आकास घट के बारणे, आकास ही घट मायं छ,
सारा जगत में पूरण बिरम, बारे-मांय इकसार छः ॥ 20 ॥

- पेलो परकरण पूरो हुयो

दूसरो परकरण

(जगत आध्यात्म सत्ता सूं अलग कोने)

जनक जी बोल्या-

मैं सांत, निरमल, निर्दोस छूँ, बोध माया सें परे,
छूँ काळ को भी काळ मैं, बुद्धि सरीर सें परे।
भूल'र स्वयं का तत्व नें, जगत मोह सें भर गयो,
ईश्वर किरपा अर गुर बचन सें, अब मुगत बंधन भयो ॥ 1 ॥

जियाँ परकासूँ देह नें, बयां परकासूँ जगत सब,
ईं वास्ते छ, जगत सब, या नहीं छ कुछ भी अब ॥ 2 ॥

सै सरीर सगळा जगत को त्याग मैं तो कर दियो,
अब तेज़ देखूं बिरम को अचरज सूँ भरयो, नित नयो ॥ 3 ॥

जियाँ तरंग झाग बुदबुदा सागर सें नहीं अलग छ,
बियाँ ही आतम से उपज्यो यो जग, म्हारा सें नहीं अलग छ
॥ 4 ॥

जियाँ तन्तुआँ सें भिन्न, कपड़ा को कोई अस्तित्व नहीं,
बियाँ ही जगत से भिन्न, आतम की नहीं सत्ता कोई ॥ 5 ॥

ज्यूँ गन्ना का रस माहीं, सक्कर मिल'र पूरण छ,
ठीक बयां ही, यो जग सारो, म्हारे मांईं परिपूर्ण छ ॥ 6 ॥

आतम का ज्ञान बिना, यो जगत सारो भरम जाल छ,
जियाँ ज्ञान के हटता हीं, रस्सी भी लागे सांप छ ॥ 7 ॥

उजास म्हारो निज सरूप मैं छूँ ईं सें भिन्न नहीं,
यो जगत को उजास सारो, उजास छ म्हारे सें ईं ॥ 8 ॥

जियां सूर्य किरण में दीखे पाणी, चाँदी दीखे सीपी में,
बयां हीं यो झूठो जगत, दीखे मन्ने म्हारे में **॥ 9 ॥**

जियां माटी को घडो माटी में मिल जाय छ,
जळ-तरंगां ऊठ-ऊठ'र जियां समावे पाणी में।
कंचन सें गेहणा बण्या, और समाया कंचन में,
म्हारा सें बण कर जगत, फेर समावे म्हारे में ॥ 10 ॥

बिरम सें ले'र तिणका तक जगत में सबको नास छ,
पण मैं नित्य छूँ, नासी नहीं, मने ही नमस्कार छ ॥ 11 ॥

मैं अचरज छूँ मने नमसकार, मैं देह भी, अद्वैत भी,
न कोड़े मैं आऊं-जाऊं, पण व्याप्त जगत में, अचल भी ॥ 12 ॥

म्हारे सें कोई निपुण नहीं, नमसकार मने, अचरज छूँ मैं,
छूयाँ बिना सरीर नें, धारूँ सदा जगत नें मैं **॥ 13 ॥**

क तो म्हारो काईं कोने, क सबको करतार छूं,
मन-बाणी को बिसय छ सब, ईं में म्हारे मांय काईं नहीं ॥ 14 ॥

ज्ञान-ज्ञाता-ज्ञेय ये तीन्यूँ सिरफ बिचार छः
मैं एक केवल सत्य छूँ बाकी तीन्यूँ भान छः **॥ 15 ॥**

अद्वैत की अनुभूति हुई द्वैत सारो मिट गयो,
सब भिन्नतावां ख़तम हुई, एकत्व को बोध हो गयो।
आतमज्ञान होतां हीं, मैं-अर, म्हारो छूट गयो,
मैं शुद्ध-रस चैतन्य छूं, सारो भरम जाळ, टूट गयो **॥ 16 ॥**

म्हार में कोई उपाधि नहीं, मैं तो सिरफ ज्ञान-समाधी छूं,
अज्ञानी छो, अध्यस्थ छो, अब निर्विकल्प अनादि छूं ॥ 17 ॥

म्हारा में कोई भरम कोने, न बंधन छूं, न मुगती छूं,
न मैं माया- न मैं काया, पूरण अक्षय सांति छूं ॥ 18 ॥

स-सरीर, ईं जगत की कोई नहीं संभावना,
सुद्ध आतम के बिना, बणे न म्हारी कल्पना **॥ 19 ॥**

तीन्यूँ काळ, तीन्यूँ लोक चौदह भुवन म्हारो काम छ,
पण फेर भी मैं निसंग छूं, आचरज छ, आचरज छ ॥ 20 ॥

सरीर का पांच्यूं भूत(तत्व) एक तिनका मात्र छ,
बंधन-मोक्ष-सुराग-नाराज, सब मन को एक बिचार छ।
आचरज छः भीड़ में भी दीखे मने द्वैत नहीं,
दंगल मने जचे जंगळ, फेर प्रीत को कोई काम नहीं ॥ 21 ॥

न तो मैं या देह छूं, न ही या छ देह म्हारी,
यो ही म्हारो बंधन छ, क जीबा की इच्छा म्हारी ॥ 22 ॥

बिरमांड रुपी लहरां ये, ऊठे छ, मिट जाय छ,
परिपूरण म्हारा सुख सागर में, आचरज छ, आचरज छ
॥ 23 ॥

जद ईं मन-पवन की लय चित्त-सिंधु में मिल जाय छ,
जीव की व्यापर-लय, तद भव -सागर में मिल जाय छ
॥ 24 ॥

गुर-ज्ञान का मनन सूँ मिनख, सब भांति चुप हो जाय छः,
अब तक क्यूँ न चुप हुयो आचरज छः, आचरज छः ॥ 25 ॥

- दूसरो परकरण पूरो हुयो

तीसरो परकरण

(आतम ग्यान के बाद में आसकती* को त्याग हो जाय छः)

अष्टावक्र जी राजा जनक की परीक्षा लेबा के तणी पूछे छ क याने वास्तव में आत्म ग्यान हुयो या फेर कोरी भ्रान्ति या बेम ही हुयो

अष्टावक्र जी पूछ्या-
थारो जस्यो आतम ग्यानि, जो जाण लियो एकत्व ने,
ब्योपार क्यों कर खींच सके, मन कैयां पूछे हीर ने ॥ 1 ॥

जियां सीप की चांदी लुभावे, सीप नें जाण्यां बिना,
बयां बिषय भी सुखकर दीखे, आतमा नें जाण्यां बिना ॥ 2 ॥

जगत दीखे आतमा में, ज्यों समदर की लेरां नाईं
बयाँ, खुदने ज्याण'र भी, क्यों दौड़ रिह्यो दीन की नाईं
॥ 3 ॥

सुद्ध अर चैतन्य ग्यानि, सुन्दर जाणी आतमा,
फेर फंसे क्यों इन्द्रयाँ में, जीसें मिले मलीनता ॥ 4 ॥

---

* आसकती = जीव पड़बो

अपणे आप में सब प्राणयां नें, सब प्राणयां में अपणा आप नें,
बुध्दि सें ज्यो जाण रह्यो, कैंयां फंसे फेर पाप में ॥ 5 ॥

परम् अद्वैत में थिर हुयो, अर मोकस ने अधीर हुयो,
फेर डूबे 'काम' में, यो तो घणो अचरज हुयो **॥ 6 ॥**

छ 'काम' बैरी ग्यान को, बलवान का मन नें हरे,
या जाण'र भी धीर मिनख, क्यों 'काम' की इच्छा करे ॥ 7 ॥

ज्यो आज छ अ'र काल कोने, पल-पल, हर-पल घट रिह्यो,
अस्या नासवान भोग सूं, क्यूँकर दीन-मलीन हो रिह्यो ॥ 8 ॥

धीर अर ग्यानी मिनख, दुःख अर सुख सम जाणता,
भोग कर बिसयां में / नें भी, अपणा-आप नें ही देखता ॥ 9 ॥

ज्यो कोसिस सें अपणी देह नें, दूजी देह नाईं देख ले,
कयां भला बो दीन हो, ज्यो निंदा-बड़ाई, सम देख ले ॥ 10 ॥

यो जगत माया मात्र छ, जीनें अस्यो बिस्वास छ,
ज्यो मरण सामां देख कर, ल्यावे न मन में त्रास छ ॥ 11 ॥

जीनें न आसा जीबा की, अर नहीं कोई दुःख मरबा को,
कयां भला बो दीन हो, ज्यो अपणा आप में तृप्त हो ॥ 12 ॥

न कांई भी छोड़बा ने, अर न कांई भी लेबा ने,
यो जग सारो छ भरम, बणबा नें न बिगाड़बा नें ॥ 13 ॥

ज्यो अन्तर को मळ त्याग सक्यो, आस रहित छ, जीबा में,
दुःख अर सुख, अस्या जीव बई, नहीं कस्या भी भोगां में
॥ 14 ॥

- तीसरो परकरण पूरो हुयो

चोथो परकरण

(योगी सन्सार सें अनछुयोड़ो रेव्हे छ)

राजा जनक जी, अष्टावक्र जी का पूछ्योड़ा प्रश्नां का जवाब देछे, जीं सें यो पक्को हो छ क, जनक जी ने आत्मग्यान होगो।

जनक जी खे छे क -

नर अहंकारी बैल नाईं, दिन-रात बोझो ढोय छ,
त्यागी, तमसो देख्तो सुख सें जगे अर सोय छ।
मूढ़ मिनख की बराबरी, ग्यानी मरमग्य सें न हो सके,
कर्म-अकरम जद एक छ, तो घाटों-नफो सब एक छ ॥ 1 ॥

ज्यां पदां की इच्छा राख, इन्द्रादि देवता दीन हो रिह्या,
बा पदां पे बैठ'र भी, योगी न हरसित हो रिह्या ॥ 2 ॥

जियां आकास अर धुंआ को मेल होवे छ नहीं,
बियाँ ही, पुण्य अर पाप नें तत्वज्ञ* छूवे छ नहीं ॥ 3 ॥

जो महात्मा ईं जगत नें, आतमा की नाईं जाण लियो,
बी ग्यानी नें मन मरजी का बेवार सें, कुण रोक लियो ॥ 4 ॥

---

* जीनें ब्रहमज्ञान की अनुभूति होगी ।

सुर, नर, असुर, पसु जित्ता भी जीव छ सन्सार में,
इच्छ्या-अनिछ्या में रम्या, सब लिप्त छ बेवार में,
इच्छ्या-अनिछ्या सें परे, वो ही संत-सुजान छ,
बीं निरमल चित्त संत के ताईं, घाटों नफो समान छ ॥ 5 ॥

कोई बिरलो ही जगत में, आतमा नें अद्‌वैत मानतो,
जगदीस नें जो जाणतो, नहीं डर कोई को मानतो ॥ 6 ॥

- चोथो परकरण पूरो हुयो

पांचवों परकरण

(देहाभिमान का त्याग सूं ही मोक्ष की प्राप्ती हो सके छ)

अष्टावक्र जी, राजा जनक नें मोक्ष को उपाय बताता हुया खे छ क-

थारो कोई से साथ नहीं, ईं वास्ते तू सुद्ध छ,
फेर चावे काईं त्यागबो, चिन-मात्र तू निसंग छ।
अपना आप नें निर्लिप्त जाण, मत दुखी मत दीन हो।
ईं, देह से अपणो संग तज, अपणा-आप में लयलीन हो ॥ 1 ॥

थार सें हो जगत पैदा, जियां समदर से हो बुलबुला,
ईं यां जाण इकसार आतमा फेर प्राप्त मोक्ष नें हो ॥ 2 ॥

अपरोक्स जदपि दीखतो न, यो असल सन्सार छ,
थारा सुद्ध निरमल तत्व में, सम्भव न कोई व्योपार छ।
जियां रसरि*[5] को सांप, रसरी में ही खो जाय छ,
सारो जगत अपणा में लय कर, एक आतमा ही साँच छ
॥ 3 ॥

---

* रस्सी

सुख-दुःख दोन्यूं जाण एक, आस-निरास इकसार छ,
जीवन-मरण भी एकसा, निंदा-बड़ाई एक छ।
हर हाल में खुस रेबो सीख, और चिंता हीन हो,
मत सोच कोई और नें, अपणा-आप में लयलीन हो ॥ 4 ॥

- पांचवो परकरण पूरो हुयो

छटो परकरण

(आतमा आकास की नाईं अखंड छ जींको त्याग अर ग्रहण कोने हो सके)

राजा जनक बोल्या-

यो जग परकरति की देण छ, मैं आकास की नाईं अनंत छूं,
सन्सार नें मैं धारण करयो, पण अपणा आप में लयलीन छूं
॥ 1 ॥

यो बिस्व लहरां की नाईं, मैं सागर नाईं गंभीर छूं,
बण तो -बिगडतो बिस्व छ, मैं नित्य निस्चल हीर छूं
न जगत सें संबंध म्हारो, न मैं, छोड़बा-लेबा में,
नित-नित खुद की खोज मायं, अपणा-आप में लयलीन छूं ॥ 2 ॥

मैं सीप नाईं चीज छूं, यो जगत सीप में चाँदी समान,
जींको ग्रहण न त्याग अर लय, मान ईं ने अस्यो ज्ञान ॥ 3 ॥

मैं निस्चित सब भूतां में, सब भूत म्हारे माईं जाण,
म्हारे अलावा काईं कोने, मने अपणे-आप में पूरण जाण ॥ 4 ॥

- छटो परकरण पूरो हुयो

साँतवो परकरण

(आतमा अनंत सागर समान और जगत बींकी लहर छ)

जनक जी बोल्या-

म्हारा अंतहीन समदर माहीं जगत नावां चाल रही,
मन-पवन सें प्रेरित पण, म्हारा मन सागर में हलचल नहीं
॥ 1 ॥

मन-पवन से छूं अलग, मन-पवन सें हालूं नहीं,
सारो उपद्रव लहरां तक, समदर गहराई में असर नहीं।
म्हारा अंतहीन समदर माहीं, संसारी लहरां ऊठ रही,
लहरां सुभाव सें ऊठे-मिटे, म्हारे कोई असर नहीं ॥ 2 ॥

मैं अंतहीन सागर जीमें, जगत कल्पना मात्र छ,
अति-सांत छूं बिन आकार को, यो ही म्हारो सरूप छ ॥ 3 ॥

या देह, आतमा छ नहीं, अर न देहि में आतमा,
न आदि अर अंत नहीं, एक निरंजन आतमा।
निसंग, निरंजन* निस्पृही** सारी उपाध्यां सें दूर छूं,
आतमा समझ कर थिर रहूं, अद्वैत-निरामय*** तत्व छूं ॥ 4 ॥

---

* दोष रहित-** निर्लोभी/इच्छा रहित*** नीरोग/निष्कलंक

अहो! में चैतन्य मात्र छूं, अर सन्सार इंदर-जाळ छ,
म्हारा में बिरमांड उदय, अर होय महार में लीन छ।
म्हारो न सम्बन्ध कोई, देह- उपादेय सें,
भेद सारा मिट गया थिर छूं अब चैतन्य में ॥ 5 ॥

- सातवों परकरण पूरो हुयो

आठवों परकरण

(मन ही बंधन अर मोक्ष को कारण छ)

(ईं परकरण में अष्टावक्र जी, मुगती अर बंधन की बात करि छ)

अष्टावक्र जी खे छ क-
जद तांई चित्त कांई चाहतो, कांई सोचतो, कांई त्यागतो,
करे छ कांई भी ग्रहण, वो तो बंधन छ, मुगती नहीं ॥ 1 ॥

मन, जद न करे चाहना, न सोचे न त्याग करे,
ग्रहण करे न दुःख-सुख हो, तद छ वो बंधन सें परे ॥ 2 ॥

जद मन में बिसय जुड़्योड़ा छ, तब बंधन छ, मुगती नहीं,
जद दीखे दृष्यां सें अनासक्त तब मुगती छ बंधन नहीं ॥ 3 ॥

जद तक चित्त में 'मैं' बसे, तब तक कोड़े मोक्ष छ,
और फेर जद 'मैं' नहीं, तो मोक्ष छ, निर्वाण छ।
जद ताईं म्हारा में अहंकार अड़्यो, तब तक कोड़े मुगती छ,
जद अहंकार धरती पर पड़्यो, तद निर्वाण अर मुगती छ ॥ 4 ॥

- आठवों परकरण पूरो हुयो

नवों प्रकरण–

(ईं संसार ने बिसार'र अपणा सुभाव में थिर हो ज्याबो ही मुगती छ)

अष्टावक्र जी बोल्या-

जगत को काम सारो कोई कदे नहीं कर सके,
शीत सें, घाम सें, दुःख सें कदे न कोई तर सके।
ईं वास्ते निर्लिप्त हो निश्चिंत हो, नाता सारां सें तोड़ दे,
भलाईं देह सें कर्म करतो रह, पण जीव घालबो छोड़ दे ॥ 1 ॥

संसारी प्राण्याँ की देख दुर्दशा, अपणा मन में सांति राख,
तू दास मत बण आस को, मत भोग-सुख को भरम राख।
खुद की आतमा नें साँची जाण, भरम का परदा खोल दे,
अपणो-परायो समझ मत, पण जीव घालबो छोड़ दे ॥ 2 ॥

नासवान या देह थारी, तीन्यूँ पापां सें मिली,
हाड-मांस पर आसक्ति, था'र ताईं नहीं भली।
परमात्मा रुपी आतमा में, जीव अपणो जोड़ दे,
सन्तोस-समता नें ग्रहण कर, जीव घालबो छोड़ दे ॥ 3 ॥

कुणसो अस्यो छ काळ-अवस्था, जी में मिनख नें द्वन्द न हो,
सुख-दुःख से आंख्यां फेर ले, फेर सिद्दी नें प्राप्त हो।
बचपन, जवानी अर बुढ़ापो कोई नहीं निर्द्वन्द छ,
सब द्वन्दा नें पीछे छोड़, सुख नें आत्म- दिशा में मोड़ ॥ 4 ॥

योगी महर्षीयाँ, साधवां की न्यारी अर गहरी पगडंड्यां छ,
कोई बतावे सिद्धयाँ अर कोई सिखावे ऋद्ध्या छ।
न ऊँचो चढ़ न नीचे गिर, दौड़-धूप ने छोड़ दे,
सम-सांत होज्या एक रस, जीव घालबो छोड़ दे ॥ 5 ॥

समता-उपेच्छा सें भरयो, जो चेतन को सच पाय छ,
परमेसर को रूप जाण, संसार सें तर जाय छ ॥ **6** ॥

पांच्यां भूतां का तीन गुणां सें, सारो जगत को विस्तार छ,
बेकार या देह अर इन्द्रयाँ, तू एक सृष्टा को सार छ।
चैतन्य* में तू ध्यान लगा, जड़ भावना ने छोड़ दे,
तू सुद्ध छ, तू बुद्ध छ, जीव घालबो छोड़ दे ॥ **7** ॥

काईं शुभ अर काईं अशुभ सब बासनावां छोड़ दे,
बासना निर्मूल कर, अध्यास की जड़ काट दे।
बासना ही संसार छ, बासनावां को त्याग कर,
बासना का त्याग सें संसार त्याग, सुख सें बिचर ॥ 8 ॥

- नवों प्रकरण पूरो हुयो

---

* जाग्रत अवस्था

दसवों-परकरण

(पक्का (प्रौढ़) बैराग सें वित्रस्ना* ही मुगती छ)

अष्टावक्र जी आगे खेरया छ क-
यो "काम" बैरी ग्यान को, तज ईं'ने हो निष्काम तू,
छ अर्थ साधक "काम" को, मत अरथ सें राख, अरथ तू।
कामार्थ को कारण बणे, बीं धरम ने दे त्याग तू,
फेर सहज ही तू मुक्त हो, मत भोगां में हो आसक्त तू ॥ 1 ॥

मित्र, खेत, धन, मकान, स्त्री भाई अर दूकान,
ये छ एक इन्दरजाळ, ईं सम्पदा ने, सपनो मान।
सपनो हो या इन्दरजाळ, जो भी छ तू देख रह्यो,
सब टिके छ पांच दिन, पाछे न कोई टिक रिह्यो ॥ 2 ॥

जंडे-जंडे त्रिस्ना छ, बंडे ही संसार जाण,
बैराग यांसे धार'ले, फेर खुद ने सुखी जाण ॥ 3 ॥

त्रिस्ना, बंधन-मात्र छ, त्याग सुख को मूळ छ,
त्रिस्ना भयंकर बाधा छ, जीमें कितरा ही शूल छ।
दे छोड़ त्रिस्ना भोग की, अपणे-आप में अनुरक्त* हो,
त्रिस्ना ने तज, संतोस भज, मत भोगां में आसक्त हो ॥ 4 ॥

---

* मगन, युक्त, आसक्त।

तू छ एक सुद्ध चैतन्य, यो संसार छ एक जड़-असत,
या बिद्या भी जद छ असत, तो जाण बा की इच्छा राख मत
॥ 5 ॥

तू हज़ारयूं देह धारी, नाता-रिस्ता सब नस्ट हुया,
सौ बार देह धर, धड़ चुक्या, रोबो करया, हँसता रिह्या।
ज्यूँ-ज्यूँ गयो, दुःख ही सह्यो, अब तो न ब्याकुल चित्त हो,
आतम-बिरम में लीन हो, मत बिसयां में लवलीन हो ॥ 6 ॥

करम अच्छा अर बुरा, जन्मा -जनमा तक तू करयो,
मद-मस्त हाथी बण अरथ को, काम के पाछे फिरयो।
जगत रुपी बन में भटक, अब तो न थारो नास हो,
परम्-सान्ति, थिर प्राप्त कर, मत बिसयां में लवलीन हो ॥ 7 ॥

वासना स्यूं जग भरयो, ईं बासना ने त्याग दे,
त्यागबा सूं बासना, संसार सहज छूट जायलो।
भरम -जाळ सें तू जाग-जा, निश्चिंत च्यारूं मेर बिचर,
कित्ता जन्म दुःख करम करया, अब तो तू बिसराम कर
॥ 8 ॥

- दसवों-परकरण पूरो हुयो

ग्यारवों प्रकरण

(अपणा आप नें, चैतन्य नें जाणबो ही कैवल्य (मोक्ष) प्राप्ति छः।

चीजां सब संसार की सुभाव सें विकृत सदा,
एक पल न रहे इकसार बदलती रहवे छ सर्वदा
एक रस छ आतमा बिना बिकार, मुक्त सदा,
जीनें यो बिस्वास छ, रह्ये छ बो सांत सदा ॥ 1 ॥

सबने रचबालो परमात्मा और न कोई दूसरो,
ईंने जान'र बिस्वास करे जो, बो मिनख ही सांत छ।
ख़तम हो गी सारी आसावां, बो न कदे फेर भ्रांत छ,
आसा जगत की छोड़कर रहवे सदा ही सांत छ ॥ 2 ॥

बिपदा अर सम्पदा, दैवजोग सें आवे छ,
जीने या समझ में आगि बीनें सदा संतोस छ।
बीनें न कदे कोई कामना बो निष्चयी'र धीर छ,
हरसे नहीं, सोचे नहीं, बो सदा ही सांत छ ॥ 3 ॥

दुःख -सुख अर जन्म-मरण सब करमां के अधीन छ,
जीने यो निस्चय हुयो बो फेर कदे न दीन छ।
भोगां ने जो भोगतो फेर भी न भोगासक्त छ,
निर्लेप रहवे कर्म सें, बो सदा ही सांत छ ॥ 4 ॥

चिंता से दुःख ऊपजै, चिंता चिता के नाईं सदा,
जीने यो बिस्वास छः, रहवे बो सुख से सदा।
चिंता कदे न बो करे, बींको न ब्याकुल चित्त छ,
नस्ट चिंतावां जीं की, बो सदा ही सांत छ ॥ 5 ॥

न तो या देह म्हारी अर नाहीं मैं ईं देह में,
मैं सुद्ध छूं, मैं बुद्ध छूं, कूटस्थ छूं, निसंग छूं ।
देह सें संबंध भूल्यो बीनें सदा एकांत छ,
कांईं बसती, कांईं जंगळ, बो सदा ही सांत छ **॥ 6 ॥**

बिरमा सें ले'र तिनका तक, म्हारे सिवा न दूसरो,
मैं पूरण छूं अर सब छूं मैं, जीनें यो बिस्वास हुयो।
मन इंद्रियां, सुद्ध'र सांत छ, बो ही निर्बिकार छ,
पाबा खोबा सें मुगत छ ज्यो, बो सदा ही सांत छ ॥ 7 ॥

अनेक आचरजां हालो यो जगत मिथ्या अर झूठ छ,
यो जी नें बिस्वास हुयो, मन चित्त बीं को सांत छ।
बी नें न चिंता बासना बोध सरूप अस्या मिनख ने,
चिर सांति प्राप्त छः अर बो सदा ही सांत छः ॥ 8 ॥

- ग्यारवों परकरण पूरो हुयो

बारवों परकरण

(अपणा सुभाव में मिल जाबो ही परम् स्थिति छः।)

जनक जी बोल्या-

काया का काम छोड़ दिया, बोली का काम छोड़ दिया,
निस्चय यां को जद करयो, चित्त का व्यवहार खत्म हुया।
चित्त का बेवार मिटता हीं चित्त भी थिर हो गयो।
साक्षी मात्र रह गयो अर खुद की आतमा में थिर हुयो ॥ 1 ॥

बिस समान बिसयां नें जाण, ज्ञानेन्द्रियाँ सें नहीं लगाव छ,
आतमा रस नें पियाँ पाछे देह को नहीं भाव छ।
आतमा रस का ग्रहण करयां सूं, विक्षेप* सारो मिट गयो,
विक्षेप सारो मिटता हीं अपनी आतमा में थिर हुयो ॥ 2 ॥

कर्तापण अर भोगतापण को जद तांणी अज्ञान छ,
जद ताईं, समाधि ताईं करणो पड़े अभ्यास छ।
करतापण अर भोगतापण का भरम जद मिट गया,
करतव्य सारा छूटगा निज आतमा में थिर हुयो ॥ 3 ॥

---

* असंयम/मन को भटकबो

हे ब्रह्मवर!! त्याग-ग्रहण को अज्ञान सारो छंट गयो,
हरष-सोक, सब द्वन्दा सूं और अब मैं छूट गयो ॥ 4 ॥

मूढ़ मैं, बुद्धि सें परे, नहीं ध्येय -ध्याता- ध्यान छूँ,
निसकाम, निःसंकल्प छूँ, ज्ञेय-ज्ञाता न ग्यान छूँ ॥ 5 ॥

करबो न करबो कर्म को, अज्ञान सूं सब होय छ,
मुगत आतमा में ग्यान छ, करबाळो अर कारण कोई और छ।
या मूल बात पिछाण'र अज्ञान सें मैं जाग गयो,
होवे नहीं कोई मोह अब, अपणी आतमा में थिर हुयो ॥ 6 ॥

ब्रह्म नें जाण्यां बिना, चिंतन करे छो अब ताईं,
अचिंत बिरम नें जाण गो, अब नहीं चिंता काईं ॥ 7 ॥

भोत बड़ाई जोग बो महा पुरुष इंसान छ,
सारा सुभावन सूं निबरत, बो अत्यंत महान छ।
पर साधना करतो मिनख जो निष्क्रियता नें पावे छ,
बो भी बड़ाई जोग छः, धन्य छः, कृत कृत्य छ **॥ 8 ॥**

- बारवों परकरण पूरो हुयो

तेरवों परकरण

(आतमा को बोध हो जाबा सूं कर्म बंधन सूं मुगती हो जाय छः)

राजा जनक बोल्या-

यो जगत काईं भी कोने, यो भाव जद आ जाय छ,
चित्त की स्थिरता ही, चित्त को स्वास्थ्य खवावे छ।
कोपीन धारण करयां सें भी, ज्यो न स्थिर बण पावे,
अस्या त्याग ग्रहण सें दूर हो, सुख सागर में लीन छूँ ॥ 1 ॥

हाथ-पगां सूं क्रिया करूँ तो, या देहि दुःख पावे छ,
पढ़बो -लिखबो करबा सें, या जीभ म्हारी थक जावे छ।
ध्यान करूँ तो मन दुःख पावे, ज्यो दीखे बो ही सांचो लागे,
ईं वास्ते त्याग तीन्यां नें, मैं सुख-सागर में लीन छूँ ॥ 2 ॥

करम ज्यो भी हो गया, आत्मसात होव नहीं,
यो पूरणग्यान होतां ही, कोई बाधा-बिघ्न आवे नहीं।
म्हारा स्वारथ मैं जाणूं नहीं, इन्द्रयाँ अपणो काम करे,
जद सब होणी-आधीन छः, मैं सुख-सागर में लीन छूँ ॥ 3 ॥

करम अर निष्कर्म का बंधन सूं ज्यो जुड़्या रहवै,
ईं तरहां तो जोगी भी रहवै, तो बो भी सदा आसक्त रहवै।
जद ताईं कस्यो भी घमंड छः, कोई न होव मुक्त छ,
सो, मान-अपमान नें छोड़ कर मैं सुख-सागर में लीन छूँ
॥ 4 ॥

सोवूं-बैठूं या चालूं में, देह सें अनासक्त छूँ,
न अर्थ न अनर्थ म्हार में हर छिन मैं उन्मुक्त छूँ।
करम चाहे सरीर करे, मैं आत्मानंद में अनुरक्त छूँ,
देह में होकर देह सें परे, मैं सुख-सागर में लीन छूँ ॥ 5 ॥

सोता हुयां नहीं कोई हानि मने, न कर्म में कोई सिद्धि छ,
सो घाटा-नफ़ा सबसें परे, मैं सुख-सागर में लीन छूँ ॥ 6 ॥

जग परिस्तिथयां को दास छ, सुख अर दुःख अनित्य छ,
सुभ-असुभ दोन्यां नें छोड़'र मैं सुख-सागर में लीन छूँ ॥ 7 ॥

- तेरवों परकरण पूरो हुयो

चौदहवों परकरण

(साक्षी पुरुष नें जाण्या पाछे मुक्ति की चिंता मिट जाय छ)

जनक जी बोल्या-

जो सुभाव सें शून्यचित्त छ, अर प्रमाद सें दूरो रहवै,
जो साक्षी भाव सें जागे'र अपणा आप में स्थित रहवै।
सर्वत्र देखे अद्वैत *आत्मा बो संसार सें मुक्त छ ॥ 1 ॥

जद इच्छावा नस्ट हुई, धन की नहीं परवाह मने,
न ही मित्र न ज्ञान की, न विषयां की चाह मने।
शास्त्तर सारा मेट दिया अर फेर खुद ने मेट दियो
मिट'र हुयो जद फेर 'मैं' अपणा आप में थिर हुयो ॥ 2 ॥

साक्षी पुरुष परमात्मा ने अब अपणे आप में जाण गयो,
बंधन'र मुक्ति सें मुक्त हो, अपणा ईश ने पिछाण गयो।
अब मुक्ति की कांई चिंता नहीं, न लोक न परलोक की,
मैं मुक्त छूं, थिर छूं अर अपणा आप में स्थित छूं ॥ 3 ॥

---

* आत्मा-परमात्मा में अभिन्नता

वर्णन सें परे दसा सिद्ध की, संकल्प सें मन शून्य की,
मस्त खुल्लो ज्यो फिरे, धनवान सो बो ही लगे।
अस्या मिनख की (न्यारी-न्यारी) भिन्न-भिन्न गत्यां नें नहीं समझ सके कोई,
जी नें स्वयं-सिद्ध पद प्राप्त छ, बीं धीर नें समझे बोई ॥ 4 ॥

- चौदहवों परकरण पूरो हुयो

पन्द्रवों परकरण

(यो तत्व ज्ञान भोग की चाहत राख बाळां के तणी त्याज्य छ)

अष्टावक्र जी बोल्या-

थोड़ा सा उपदेस सें सदबुद्धि मिनख धन्य हो रह्यो,
पण जीकीं बुद्धि हो मोह में, बो भोगां में ही रम रह्यो ॥ 1 ॥

ज्यो बिरत बिसयाँ सें हुयो तो मोक्ष खुद बीनें हेरतो,
जो बिसय रस में पड़ गयो, बो बिसकुण्ड में ही डूबगो।
यो ही ज्ञान को बिज्ञान छ, बिसयाँ सें विरक्ति ही अमृत धाम छ,
तन्ने खुल्ली छूट छ, तू काईं भी चुण, बिचारबो थारो काम छ
॥ 2 ॥

यो तत्व बुद्धिमान नें, जड़ बणा'र छोडतो,
वाचाल नें गूंगो बणा'र मौन सें यो जोड़तो।
भोत कर्मठ आदम्यां में, आलस को पट खोलतो,
ईं वास्ते भोगी मिनख ईं तत्व ग्यान नें ही त्यागतो ॥ 3 ॥

न तू सरीर न सरीर थारो, न भोक्ता अर न करता तू,
चैतन्य रूप साक्षी तू, सदरूप अर निज रूप तू।
आनंद तू, चिदरूप तू, सारा भोगाँ सें न्यारो तू,
कूटस्थ छ, निःसंग छ फेर सोच अर बिचार क्यूँ ॥ 4 ॥

आतमग्यान हुयां पाछे तू आत्मा छ मन नहीं,
आतमा ही कर्म थारो आतमा ही सुभाव थारो।
अज्ञान थार'में छ नहीं, आत्मबोध थारो धाम छ,
निर्विकारी अर निर्दोस तू, फेर सोच को काईं काम छ ॥ 5 ॥

सब भूत थारे मायनें, अर सब भूतां के मायं तू,
सब जगां तू रम रह्यो और छ परिपूर्ण तू।
माया लोभ सें परे, सब में रमे, तू राम छ।
अहंकार नहीं, ममता नहीं फेर सोच को काईं काम छ ॥ 6 ॥

जियां लहरां ऊठे समदर में, समदर की कोई हानि नहीं,
बियाँ ही संसार यो, जीं सें आतमा की कोई हानि नहीं।
लहरां छ संसार यो अर समदर थारी आतमा,
संताप-ज्वर सें तू अब परे, फेर सोच को काईं काम छ ॥ 7 ॥

मत कर मोह तू, बिस्वास कर, बिस्वास कर।
अपणा आप में संतुष्ट हो, अपणा आप नें तू तृप्त कर॥
अरे! तू ग्यान रूप भगवान छ, श्रद्धावान हो या जाण'र।
तू प्रकृति सें छ परे, फेर सोच को काईं काम छ ॥ 8 ॥

आतमा छ नित्य शास्वत, ईंको नहीं आवागमन,
सरीर छ कई दोस भरयो, यो ही करे आवागमन
तीन्यूँ देहां--तीन्यूँ लोकां अर तीन्यूँ कालां को बिसराम छ,
जद घटे नहीं अर बढ़े नहीं तो फेर सोच को काईं काम छ
॥ 9 ॥

यो सरीर ठहरे कलप तक या आज ही इको नास हो,
थारो न कुछ बिगड़े बने, या जाण'र तू निश्चिंत हो।
रात-दिन थारा में छ नहीं अर न ही सुबह-शाम छ,
तू काळ को भी काळ छ फेर सोच को काईं काम छ ॥ 10 ॥

तू अणत महा समदर में, जलतरंग जगरूप छ,
सुभाव सूं उदित होतो, अस्त में चिदरूप छ।
बीसूं न थारो नाम छ, न वृद्धि में कोई थाम छ,
तू एक अनंत आतमा छ, फेर सोच को काईं काम छ ॥ 11 ॥

तू चैतन्य रूप छ, यो जगत थार सें नहीं भिन्न छ,
फेर त्याग काईं अर ग्रहण काईं, जद थार सें नहीं कुछ भिन्न छ।
यो बिस्व थारी कल्पना, तू सिद्ध अक्षय तत्व छ,
न भेद छ, न द्‌वैत छ, अद्‌वैत छ एकत्व छ **॥ 12 ॥**

तू शांत निरमल आतमा चैतन्य रूप आकास छ,
अग्यान थारा में छ नहीं, भ्रान्ति नहीं, न ही अध्यास*[11] छ।

चैतन्य रूप आकास जींको, न जन्म छ न कर्म छ।
सब गुण भरी तू आतमा, यो ही सारो मर्म छ
॥ 13 ॥

---

* मिथ्या ज्ञान।

कंगन-नूपुर-बाजूबंद सब कनक सूं नहीं भिन्न छ,
नहीं कार्य, कारण सें कदे, तिंहु काल में भी भिन्न (अलग) छ॥
पण ज्यो जस्यो भी दीखतो, बो ही थारो सत्य छ।
नहीं थार सें कुछ भी अलग, एकाकार छ, एकत्व छ ॥ 14 ॥

मैं यो ही छूं, मैं बो नहीं, ये न्यारा-न्यारा मत मान रे,
सब आतम छ, निस्चय पकड़, शून्य को सुख जाण रे ॥ 15 ॥

थारे बिना नहीं अन्य को, थोड़ो सो भी अस्तित्व छ,
तू ही बण्यो संसार अर तू ही तो अ-संसार छ **॥ 16 ॥**

यो बिस्व केवल धोको छ, नहीं असल में कांई न सत्य छ,
ई वास्ते ई में ठहर, सुख-सांति सें ई में बिचर॥
तू ही एक चैतन्य छ, सारो जगत निस्तत्व छ,
निस्तत्व* की सत्ता कोड़े, अद्वैत छ एकत्व छ ॥ 17 ॥

ई जगत सागर मायं तू, तू ही तो पहलो सत्य छ,
अबार भी तू ही एक छ, अर रहलो आगे भी एक तू।
न बंद छ, न मोक्ष छ, न मोह अर न ममत्व छ,
चारयूं तरफ तू ही पूर्ण, एकाकार छ, एकत्व छ **॥ 18 ॥**

मत दुखित कर तू चित्त ने, संकल्प अर विकल्प सें,
शांत हो आनंद सरूप थिर हो जा, सुख चैन सें **॥ 19 ॥**

---

* सारहीन -

मत धारण कर तू हिरदा में, नहीं सोच हर्ष-अमर्ष में,
गुरुत्व थारे में छ सदा, एकाकार छ एकत्व छ ॥ 20 ॥

- पन्द्रवों परकरण पूरो हुयो।

सोलवों परकरण

(ग्यान को भूलबो ही मुक्ति छ)

अष्टावक्र जी बोल्या-

बरसां ताईं, लाखां शास्त्र, तू भलाईं सुणतो रह,
पढ़तो रह तू रात-दिन, उपदेस भी तू करतो रह,
पण सबदां को बिसमरण, मन जद पूरी तरह कर पावेलो।
स्वस्थ होवेलो जद ही तू, अर अक्सय सांति
पावेलो ॥ 1 ॥

भोगी भलाईं भोग भोगे, लाख कर्म तू करतो रहवै,
अर समाधी पर समाधी, लाख तू धरतो रहवै।
चित्त हो आसावां रहित, लोभ, तो रह जावेलो,
जद मिटेली चंचलता, तद पूर्ण सान्ति पावेलो ॥ 2 ॥

कोसिस करयां सें भी छ दुखी कोई नहीं या जाणतो,
छ भोग में ही सारो सुख, नर मूढ़ या ही मानतो,
अपणा में छ असीम सुख यो बिस्वास जो कर पावेलो।
अंतर् मुखी हो जायलो, अर परम सांति पावेलो ॥ 3 ॥

जद खोल बा अर मूँदबा सें आँख भी अळसाय छ,
आळसी सिरोमणि अस्या सुख नें ही परम् सुख बतलाय छ
॥ 4 ॥

यो करयो बो नहीं करयो, ये द्वन्द सारा तोड़ दे,
धरम-अर्थ अर काम तज मोक्ष कामना छोड़ दे **॥ 5 ॥**

त्यागी बिसय सूं द्वेष करे, मन सें नहीं पण छोडतो,
बिसयां में फंस्योड़ो रागी भी, प्रेम बां'से जोड़तो।
मत राग कर, मत द्वेष कर, निःसंग तू हो जायलो,
स्वछन्द होलो मुक्त मन, जद परम् सांति पायलो ॥ 6 ॥

जद तक जीवित छ तृष्णा, जो कि हाल छ अविवेक को,
तद तक जीवित लेबो-छोड़बो, जो बीज छ संसार(वृक्ष) को ॥ 7 ॥

प्रवृति से राग जन्मे, और द्वेष जन्मे निवृति सें,
पण, द्वन्द मुक्त बो ज्ञानी छ, जो खेले बाळक वृत्ति सें ॥ 8 ॥

रागी मिनख दुःख सें बचबाने, ई सन्सार नें ही त्यागतो,
पण, वीतरागी जग बीच रह'र भी खेद नहीं जाणतो ॥ 9 ॥

यदि, मोक्ष के प्रति अहम और सरीर सें ममत्व छ,
योगी नहीं, ग्यानी नहीं, बो केवल दुःख को भागी छ ॥ 10 ॥

बिसनु तनें उपदेस दे, बिरमा जी खुद ज्ञान दे,
महादेव परगट हो ज्ञान दे, पण नाम में ज्यो फंस ज्यायलो।
यदि ज्ञान चक्षु न खुल्या, सारो श्रम बिरथ जायलो,
ईं ग्यान का बिस्मरण सें ही परम् सांति पावेलो ॥ 11 ॥

- सोलवों परकरण पूरो हुयो

सत्रहवों प्रकरण

(निराकांक्षी, (जींकी कोई चाहना नहीं) ही तत्व ज्ञान को अधिकारी छ)

अष्टावक्र जी बोल्या-

ज्यो धीर नर संतृप्त छ, जीं की सब इन्द्रयाँ सांत छ,
ज्यो एकांत में रम रिह्यो, योगाभ्यास सूं सांत छ।
ई योग को फल मुक्ति छ, ई ग्यान की या सक्ति छ,
अस्यो ज्यो निर्लिप्त निसंग छ, बो दुर्लभता सें पावे छ ॥ 1 ॥

ज्यो तत्व ग्यानी हो गयो, बीने न कोई खेद छ,
ई सत्य नें बो जाणगो क बो ही सबके मांय छ।
बिसाल ई बिरमांड मांहि बीं के सिवाय कोई नहीं,
बो ही मंडल मंडित हुयो, जो सब मांहि समाय छ ॥ 2 ॥

सब रस बिरस लागे जीने, बो भोग नें नहीं सींचतो,
ईख-प्रेमी हाथी कदे, नीम नें नहीं खींचतो ॥ 3 ॥

ज्यो, सारा भोगां नें भोगतो, आसक्त बां पर होवे नहीं,
ज्यो प्राप्त होता भोगां की, चावत कदे राखे नहीं ।
जीने न सोक छ, न निर्मोह छ, कोई को जी ने भय नहीं,
ज्यो दूसरा नें भी भय न दे, बो दुर्लभ छ, आसान नहीं ॥ 4 ॥

संसार में सारा जणा, इच्छित रहवे छ, भोग का,
साधू -संत भी सगळा अभ्यास करता योग का॥
जीने भोग की चावत नहीं, जीने मोक्ष भी भावे नहीं,
बिरलो ही अस्यो धीर मिनख, दुर्लभ छ, आसान नहीं ॥ 5 ॥

धरम-अरथ ज्यो त्यागे नहीं, काम मोक्ष जीने भावे नहीं,
जीवन मरण सब एक छ, कोई उपादेय को भाव नहीं।
जींको हिरदय छोटो नहीं, पण लक्ष्य कोई बच्यो नहीं,
अस्यो उदार-चित्त, लाखां में कोई मिले नहीं ॥ 6 ॥

यो जगत विलय हो जाय, जीनें यो भावे नहीं,
ई जगत का कारोबार सें, जीनें कोई द्‌वेष नहीं।
जगत सारो देख'र भी, ज्यो दृस्टि में ल्यावे नहीं, **(निर्लिप्त)**
सर्वत्र देखे आप ने, मिनख अस्यो पावे नहीं **॥ 7 ॥ (दुर्लभ)**

अपणा ग्यान सें ज्यो कृत कृत्य छ, संतृप्त छ बिज्ञान सूं,
संतुस्ट अपणा-आप में, मतलब नहीं कोई ध्यान सूं।
सूंघतो-सुणतो'र, देखतो-खातो हुयो अपणा-आप नें ही पाय छ,
'स्वांत-सुखाय' रहतो सदा, आसान नहीं, वो दुर्लभ छ ॥ 8 ॥

कोसीसां जीं की बिरथ हुई, तृस्ना-विरक्ति कम हुई,
संसार जी तणी क्षीण छ, दृश्य सारो सून्य हुयो।
इन्द्रियाँ जींकी बिफल हुई, बो प्राज्ञ* जीवन मुक्त हुयो **॥ 9 ॥**

---

* पंडित, विद्‌वान्, बुद्धिमान समझदार

जागे नहीं, सोवे नहीं, खोले न आंख्यां मींचतो,
खड़ो नहीं-बैठ्यो नहीं, छ चुप नहीं, अर न बो बोलतो।
कोसीसां करतो हुयो भी, कोसीसां सें मुक्त छ,
अहो! अस्या मिनख की दसा, कसी'क उत्कृष्ट छ ॥ 10 ॥

सब बासनावां सें रहित, अपणा-आप में अनुरक्त छ,
जगत जी बई ब्रह्म-मय, सो प्राज्ञ, जीवन-मुक्त छ ॥ 11 ॥

सुणता हुयां, देखता हुयां, छूता हुयां, सूंघता हुयां,
लेता हुयां, देता हुयां, जगता हुयां, सोता हुयां।
आता हुयां, जाता हुयां, अपणा-आप में संतृप्त छ,
हित-अनहित सें मुक्त मिनख, पक्को ही जीवन-मुक्त छ
॥ 12 ॥

निंदा-बड़ाई सें परे, संपत्ति-विपत्ति सम समझ,
देवे नहीं, लेवे नहीं, सम चित्त ज्यो रहवे सदा।
हरसे नहीं-क्रोधे नहीं, एक रस-एक भाव सदा,
बाळक सो चलन, पण सांत मन, बो प्राज्ञ जीवन मुक्त सदा
॥ 13 ॥

कामनी नें लख सामने, न विक्षेप मन में ल्याय छ,
बिकराळ मोत नें देख पास, कदे नहीं घबराय छ।
विव्हल न हो जीं को अविचल हृदय, ज्यो धैर्य सें संयुक्त छ,
अपणा-आप में खोयो हुयो, सो प्राज्ञ* जीवन मुक्त छ
॥ 14 ॥

---

* बुद्धिमान, चतुर, दक्ष, विवेकशील

सुख अर दुःख, जीवण-मरण, जीं'के तणी छ एक सम,
संपत्ति-बिपत्ति, नारी अर नर, न कोई ज्यादा न कोई कम।
ज्यो ज्याणे सबने अपणे में, रह्वे सदा एक-चित्त सम,
बो ही ग्यानी, बो ही ध्यानी, योगी बो जीवन मुक्त छ ॥ 15 ॥

ज्यो न दया में फंसे कदे, अर न कोई हिन्सा करे,
दीन-हीन न बणे कदे, अर न माथो ऊंचो करे।
न कदे भृमित हो व, न कदे ताज्जुब करे,
जींमें न कोई उद्दंडता, बो ही जीवन मुक्त छ **॥ 16 ॥**

बिसयां सें नहीं द्वेष कोई, न बिसय-रस बच्यो कोई,
प्राप्ति सें सुख न कोई, न अन - प्राप्ति सें दुःख कोई।
चिदानंद सब बिस्व सारो, निज आनंद सें युक्त छ,
मृत-अमृत सें ज्यो परे, बो प्राज्ञ-जीवन मुक्त छ ॥ 17 ॥

शून्य-चित्त छ ज्यो मिनख, सो निर्विकल्प छ अयाँ,
समाधान करे कयां, असमाधान होवे कयां।
हित-अहित ज्यो जाणे नहीं, कैवल्य* सूं संयुक्त छ,
आरूढ़ अपणा-आप में, सो प्राज्ञ जीवन मुक्त छ ॥ 18 ॥

इच्छावा जीं की गळित हुई, ममतावां जीं की गळित हुई,
अहंकार जीं को गळित होगो, नैष्कर्म* बींको सफल हुयो
॥ 19 ॥

---

* निर्लिप्त होने की अवस्था, निःसंग भाव। मोक्ष, मुक्ति।
* कर्म तथा कर्मफल का परित्याग, आत्मज्ञान।

मन रह्यो नहीं, बो सांत हुयो, मोह बच्यो नहीं बो प्रेम हुयो,
जड़ता मिटी, चैतन्य हुयो, सुभाव गयो, समभाव हुयो।
निर्वचनीय स्थिति जींकी हुई, बो मिनख खुद भगवान हुयो
॥ 20 ॥

- सत्रहवों प्रकरण पूरो हुयो

अट्ठारवों परकरण

(आतम ग्यान को बोध होबो ही परम् सान्ति को मारग छ)

अष्टावक्र जी बोल्या-

सूरज ऊगे जियां अम्बर में, निज बोध को हो उदय बयां,
सुपणा नाईं सारी भ्रांत्यां, अस्त हो जावे बयां।
बीं परम् सान्ति तेज़ सरूप ने नमस्कार छ नमस्कार,
बीं एक-मात्र आनंद सरूप ने नमस्कार छ नमस्कार ॥ 1 ॥

सन्सार की सारी समपदा, अपणी मूठी में जद लेवे छ,
अतिसय भोग-बिलास में तद गिरतो-पडतो, रहवै छ।
धन-दोलत का ईं दलदल में जीवन कोड़े खो जावे छ,
त्याग रूप नौका सूं ही यो भव सागर तर पावे छ ॥ 2 ॥

'करतव्य' धधकती अग्नि ज्यो जळा रही छ सगळा नें,
या अगनि जीमें लाग गई, कुण हरयो करे बीं दरखत नें।
'करतव्य' सें ज्यो छूट गयो तो ईं आग सें भी मुक्त हुयो,
सांति-रूप अमरित-धारा मिलतां हीं भय-सोग सें भी, मुक्त
हुयो ॥ 3 ॥

सन्सार कोरी भावना, ईं में न कोई परमार्थ छ,
पण भाव-अभाव पदार्थां में, न सुभाव(आतमा)को अभाव छ
॥ 4 ॥

आतमा सदा ही प्राप्त छ, न दूर छ-न पास छ,
आतमा ने पाबा तेयां करणो न कोई परयास छ।
ज्यो छोड़ दे संकलप नें, अपणा-आप में टिक जाय छ,
अपणा-आप नें पातां हीं, भय-सोग सब भग ज्याय छ ॥ 5 ॥

यो मोह-ममता को पडदो पड्योडो, ज्यो आत्म-सुख में आड़
छ,
यो जरा हट ज्याय तो, भेद सब खुल ज्याय छ।
ज्यो सुख देखे ईं पड़दा बिना, सोभायमान बो धीर छ,
दृस्टि सें परदो हटयो तो भय-सोग सब भग ज्याय छ ॥ 6 ॥

यो जगत कोरी कलपना, आतमा सदा ही मुक्त छ,
अस्यो निस्चय जीने हुयो, बो कदे न संसय युक्त छ।
ज्यो धीर संसयमुक्त छ, बो (बोध) सम्यक ग्यान पावे छ,
बाळक नाईं चेस्टा करे, भय-सोग सब भग ज्याय छ ॥ 7 ॥

चैतन्य केवल ब्रह्म छ, सन्सार जड छ कलपना,
चैतन्य जड न मिल सके, न असि समभावना।
निष्चयी निसकामी मिनख खयो करे या न करे,
कर्म जीं को खो गयो, बीं सें सुखी नहीं दूसरो ॥ **8** ॥

'मैं यो ही छूँ-मैं बो नहीं' करे न असि कोई कल्पना,
ज्यो छ ज्यो आत्म छ, जीं की असि दृढ-भावना।
जोगी-महा, मोज़ी महा, संकल्प सें मन शून्य जींको,
ईं तिरलोकी के मांय बीं सें सुखी नहीं दूसरो ॥ **9** ॥

संकल्प- विकल्प, चित्त में, सन्सार जीं कारण बस्यो,
यां सबसे मुक्त होकर आत्मग्यानी सांत हुयो।
बींके तणी छ सब समान, अर सीत-घाम बो प्रसन्न छ,
देव-दानव, ऋषि-मानव, में बीं सें सुखी नहीं अन्य छ ॥ 10 ॥

सुराज अर भिकारीपण, दोन्यां नें सम ज्यो मानतो,
भेद, नफ़ा-नुक्सान में, रंच नहीं ज्यो जाणतो।
जंगळ अर मंगल, एक समझ कदे खिन्न ज्यो होव नहीं,
निज-आत्म सें क्रीड़ा करे, बींसें सुखी कोई अन्य नहीं ॥ 11 ॥

'काम' सें नहीं काम जीने, ना धरम सें छ वास्तो,
नहीं 'अर्थ' सें छ अरथ कोई, न मोक्ष ही बो चाहतो।
करबा न करबा सूं अलग, अपणा-आप में लयलीन छ,
अस्या निर्द्वन्द अर स्वछन्द सें ज्यादा सुखी कोई नहीं ॥ 12 ॥

सन्सार को करतव्य नहीं, ना मन में अनुराग छ,
जीने काईं लेणो नहीं, करणो न कोई त्याग छ।
इच्छा-अनिच्छा सें मुगत सब प्रारबध के अधीन छ,
कुछ न करे या सब करे, बींसें सुखी कोई नहीं ॥ 13 ॥

करतव्य-कर्म कोई नहीं, लेसमात्र भी मोह नहीं,
जगत को जीने भान नहीं, चिंतन कदे ज्यो करे नहीं।
जस्यो भी मिले जीवन बीनें, बींसें अलग जीवे नहीं,
भेद कोई जाणे नहीं, बींसें सुखी कोई नहीं **॥ 14 ॥**

ज्यो जगत सबने दीखतो, बीं जगत नें बो लय करे,
जीने जगत को भान नहीं, बो कुण को कियाँ लय करे।
देखे नहीं बो देख'र भी, बासना सब खीन (क्षीण) हुई,
अस्यो बिरलो मिनख ही सुखी, बींसें सुखी कोई नहीं ॥ 15 ॥

ज्यो द्वैत नें ही देखतो बो 'मैं ब्रह्म छूँ' चिंतन करे,
जद बो द्वैत ही दीखे नहीं, फेर चिंतन सूं काईं सरे।
जद सब कुछ एक समान दीखे, फेर काईं जंगळ -काईं नगर,
बींसें सुखी कोई नहीं, सबसें सुखी बो एक नर **॥ 16 ॥**

बिक्षेप मन को जीं मिनख का देखबा में आय छ,
करतो बो ही मन रोकबा को, साम-दाम उपाय छ।
जीं मिनख की ग्यान-द्दस्टि में नहीं द्वैत को कोई लेस छ,
जीने बिक्षेप* होतो ही नहीं, बीनें काईं करणो सेस छ ॥ 17 ॥

संसार का बिक्षेप सूं, ज्यो धीर सम्यक मुक्त छ,
करतो हुयो सब काम भी, ज्यो कर्म में आसक्त नहीं।
न समाधि की इच्छ्या अर न बिक्षेप सें द्वेष छ,
सम-बिसम में ज्यो एकरस करणो बीनें काईं फेर सेस छ
॥ 18 ॥

मन में न कोई बासना आनंद सें भरपूर छ,
निंदा-बड़ाई सें परे, सब ईर्सा सूं दूर छ।
जीने नहीं कलेश कोई, मान सें, अपमान सें.
निस्चिंत छ, निर्द्वन्द छ, करणो बीनें काईं सेस छ ॥ 19 ॥

---

* मन को इधर उधर भटकाना। इंद्रियों को वश में न रखना। संयम का उलटा।

निष्काम नहीं पण कर्म भी नहीं, हेय*[18] नहीं, उपादेय** नहीं,
ज्यो आज्याय लेख सें, बो हुकम बजाणो ही सही,
न लगाव कोई कर्म सें, अर निष्कर्म सें भी बैर नहीं,
ज्यो मुक्त राग'र द्वन्द सें, बी तांई करबो कुछ सेस नहीं
॥ 20 ॥

संसारी बिसयां सें मुक्त, सब बंधनां सें मुक्त छ,
आसा-निरासा छोड़ केवल, ब्रिह्म में आसक्त छ।
सूख्योड़ा पत्तां की नाईं, जीं की न कोई ठोर छ,
किरया जीं की निस्चित्त नहीं, बीनें करणो न काईं और छ
॥ 21 ॥

जगत को कोई सार नहीं, परमात्मा एक सार छ,
सरीर मुक्त ज्यो विदेह छ, जद आत्म ही आधार छ।
बिरमांड सारो एक देस, फेर न कोई बिदेस छ,
अस्या आतम राम नें, फेर करणो काईं सेस छ ॥ 22 ॥

रमतो रह्वे निज आत्म में, चित्त जीं को सुद्ध छ,
इंद्र की पदवी मिले, बीनें भी समझे तुच्छ छ।
सुरग काईं, नरक काईं, जीं के तणी न काईं बिसेस छ,
सगळी जगां इकसार देखे, फेर करबो काईं सेस छ ॥ 23 ॥

---

* ख़राब, त्याज्य, अनुपयोगी ** ग्रहण करने योग्य, उपयोगी

बिधनावश (प्रारब्धवश) चेस्टा करे, संकल्प कोई मन में नहीं,
हाथी चढ़े या पैदल फिरे, ज्यादा नहीं कमती नहीं
जीं के तणी न वेश कोई, सारा वेश जींका वेश छ।
अरे! सब ज्यो कर चुक्यो, बीनें करणो काईं सेस छ ॥ 24 ॥

कर्म करे छ देह-इन्द्रयाँ, मैं काईं करतो नहीं,
करतो नहीं, फिरतो नहीं, आण-जाण करतो नहीं।
यां ही सबनें सोच-सोच, निर्लेप सो हो ज्याय छ,
ज्यो निरलेप छ, निस्पाप छ, बो धीर सोभा पाय छ ॥ 25 ॥

बेवार (व्यवहार) सब करता हुयां, व्यवहार में जो रमे नहीं,
निःसंग ज्यो रहवे सदा, बो धीर सोभा पाय छ
॥ 26 ॥

न सोचतो न जाणतो, न करे कुछ न कराय छ,
अभिमान जींको जळ गयो, बो धीर सोभा पाय छ **॥ 27 ॥**

जोग-समाधि छ नहीं, न ही कोई बिक्षेप छ,
मोक्ष की चाहना नहीं, रह्वे सदा निर्लेप छ।
सगळा जगत नें जाण धोखो, चित्त नहीं भटकावे छ,
ज्यो लीन रहतो ब्रह्म में, बो धीर सोभा पाय छ **॥ 28 ॥**

जंडे-जी में अहन्कार, बो न कर के भी सदा करे,
अहंकार सें पण शून्य ज्यो, बो करतो हुयो भी न करे ॥ 29 ॥

उद्वेग रहित-संतोस-रहित, कर्तव्य रहित ज्यो धीर छ,
ज्यो मुक्त आतम राम छ, बो धीर सोभा पाय छ **॥ 30 ॥**

निज आनंद में ज्यो मग्न रहतो, बिन प्रयास ध्यानस्थ छ,
निमित्त या हेतु बिना, बो करतो, ध्यान अर कर्म छ ॥ 31 ॥

सत्संग सुण'र भी मंदबुद्धि, मूढ़ता नें पावे छ,
परम ग्यानी मूढ़ नाईं, समाधिस्थ हो जावे छ **॥ 32 ॥**

चित्त का निरोध पर, अग्यानी देतो ध्यान छ,
ज्ञानहीन एकाग्रता को करतो भोत अभिमान छ।
पण खुद का सुभाव में निष्ठ नें योग्य कुछ नहीं दीखतो,
बो सारा करमां नें निरमूल कर, सोतो हुयो ही दीखतो ॥ 33 ॥

अग्यानी छ रम रह्यो कोसिस में अर जतन में,
पण तत्व को ज्यो निश्चय धरे बो धीर पूर्ण निवृत्त छ ॥ 34 ॥

अभ्यास योग में लीन मिनख, बीं आतम नें नहीं जाणतो,
ज्यो सुद्ध छ, प्रबुद्ध छ, बो प्राज्ञ सहज ही जाणतो ॥ 35 ॥

नश्वर करमां सें न मोक्ष मिले, ज्यो मिनख अगर अग्यानी होय,
कर्म बिना भी मोक्ष मिल सके, ग्यानी मिनख ज्यो स्थिर होय ॥ 36 ॥

ज्यो बिरम होबो चावे, बीनें ब्रह्म मिले नहीं,
इच्छावा सें मुक्त ज्यो, तुरत ब्रह्म मिले बीनें ही।
निष्कामी आतम बिरम, झट ब्रह्म दरसन पाय छ,
लयलीन होकर ब्रह्म में, 'मर' सें 'अमर' हो ज्याय छ ॥ 37 ॥

अग्यानी पोसक हो रह्यो, जीं आधारहीन संसार को,
मूल-भेदन कर दियो ग्यानी बीं, अनर्थ-मूल संसार को ॥ 38 ॥

बो मूढ़ सांत न होय छ, ज्यो मूढ़ चावे शांति,
अभ्यास सम्यक करबाँ सें भी न आवे मन में शांति,
त्यागी विवेकी, प्राज्ञ-जण, जद भोग सें हट ज्याय छ।
निरणय तुरत कर ब्रह्म को, जद परम् शांति नें पाय छ
॥ 39 ॥

जी नें दीखे संसारी दृश्य, बो आत्म-दरसन न कर सके,
जी नें, झूठा लागे संसारी दृश्य, बो ही आत्म-दरसन कर सके
॥ 40 ॥

मूढ़ मिनख ज्यो हट सें करे नहीं, होय चित्त निरोध बीनें,
जद ताईं न चित्त थिर व्हेलों, होवे न सम्यक बोध बीनें।
तत्व ग्यानी धीर को, ज्यो चित्त थिर हो ज्याय लो,
फेर होता हीं सहज-सांत बो, सामराज्य अविचल पायलो ॥ 41 ॥

कोई माने जगत नें साँच, कोई माने भाव नें,
कोई खे कुछ भी नहीं, कोई माने दोन्यां नें।
ज्यो ब्रह्म नें पिछाणतो, बीनें ही सत्य मानतो,
'गरभ' में फेर न आवे कदे, मोक्ष अनंत पावतो ॥ 42 ॥

कुबुद्धि मिनख भावना करे, पण मोह नें छोड़े नहीं,
मोह नें छोड़्यां बिना, असली सुख पावे नहीं **॥ 43 ॥**

आलम्बन के बिना होतो नहीं, ज्यो मोक्ष व्यर्थ ही चाहतो,
बिन सहारा को उन्मुक्त मिनख, सर्वदा निष्काम छ ॥ 44 ॥

जियां बिसय रुपी बाघ देख'र कोई गुफा में लुख ज्याय छ,
बियाँ चित्त-निरोध की सरन ले, एकाग्रता नें पाय छ ॥ 45 ॥

बासनाहीन (नर) सिंह देख दरसन मात्र सें भग ज्याय छ,
हाथी (बिसय) भग ज्याय छ, या चाटुकार बण ज्याय छ
॥ 46 ॥

संका-रहित, निश्चिंत जोगी, जतन कोई करे नहीं,
सारी क्रियावां सुभाव सूं ही, होवे अपणा-आप ही,
सुख सूं सुण-देखे-छुवे-सूंघे अर सहज ही खाय छ।
अस्यो बैरागी ग्यानी-जण ही, साम्राज्य अविचल पाय छ ॥ 47 ॥

मन सुद्ध जीं को बुद्धि निरमल, सुणबा सूं थिर हो ज्याय छ,
आचार-निराचार सें फेर, दूर बो हो ज्याय छ।
मन वृत्ति ब्रह्म-लीन जीं की, कोई और न नहीं ध्याय छ,
अस्यो ही बैरागी नर, अनंत मोक्ष नें पाय छ ॥ 48 ॥

सुभ हो-असुभ हो कारज, ज्यो भी करबा नें आय छ,
आग्रह बिना कर ले छ, नहीं सोच मन में ल्याय छ।
बाळक की जियां कोसिस करे, इन्द्रियाँ न हो बीं के बिकल,
न राग छ, न द्‌वेष छ, जनम बींको छ सफल **॥ 49 ॥**

स्वतंत्र सुख ज्यो भोगतो, सुतंत्र पावे ज्ञान छ,
बंधन मुक्त पातो नित्य सुख, पावे बो प्रज्ञान छ।
बंधन मुक्त होवे छ अचल, और होवे छ अटल,
सुतंत्र नर हो ज्याय तो जनम बींको छ सफल **॥ 50 ॥**

करता पणो, भोगता पणो, जो अपणा-आपमें न भासतो,
मन वृत्त्यां जीं की क्षीण होती, आत्म ने पहचाणतौ ॥ 51 ॥

स्पृहायुक्त कामी जणा को चित्त रहतो भ्रांत छ,
बणावटी ध्यानस्थ मन, होतो कभी नहीं सांत छ।
धीर नर, उदंडता में भी सोभायमान छ,
जल में रहवै कमल सो, छ जनम बींको ही सफल ॥ 52 ॥

कल्पना सूं परे, बंधन सूं परे, मुक्त बुद्धि जो धीर छ,
बो भोग सूं क्रीड़ा करे, जियां कोई अमीर छ।
पहाड़ां की गुफा में सौम्य छ, या हो जाय बो चपल,
जीं के तईं सब विफल छ, जनम बींको ही सफल ॥ 53 ॥

श्रोतिय पंडित, देवता बने या तीरथ में रमण करे,
देवांगनावां को, राजा को, या अपणा बेटा को दरसण करे।
मन में नहीं कोई बासना, बो कूट सम रहतो अचल,
बो भलाईं त्यागी हो, या गृहस्त हो, जनम बींको ही सफल
॥ 54 ॥

सेवकां का, बेटां का, स्त्री-पोता-नात्यां का,
हास्य सें, उपहास सें, और कोई अपमान सें।
कोई न जीमें खेद हो, न हर्ष सें न प्यार सें,
जोगी अस्यो दूर छ, सदा-सदा बिकार सें **॥ 55 ॥**

जो असंतुस्ट छ या तुस्ट छ, खिन्न छ या खिन्न नहीं,
सम ज्ञानी बीने पिछाणै, बां बई आचरज को भंडार नहीं ॥ 56 ॥

ईं जगत में करतव्य ही सब संसयां को सार छ,
यो करतव्य रुपी बिघन कटे तो ज्ञान की तलवार सें।
ग्यानी हुयो निर्बिकार, शून्यकार ही साकार छ,
जो निराकार में थिर हुयो, भव सिंधु सें बो पार छ ॥ 57 ॥

अग्यानी कर्म करयां-बिना भी, होव व्यग्र छ,
करतां हुयां भी ज्यो न करे, बो ज्ञानयां में भी अग्र छ॥
अपणा-आप में लयलीन मन, होवै न विषयाकार छ,
दीखे लिप्त संसार में पण, भव-सिंधु सें बो पार छ ॥ 58 ॥

आनंद सूं बैठे छ, आनंद सूं सो जाय छ,
आनंद सूं बाहर फिरे, आनंद सूं मर जाय छ।
आनंद को आचार छ, आनंद को व्यवहार छ,
भोजन करे सुख चैन सूं, भव सिंधु सें बो पार छ ॥ 59 ॥

करता हुयां व्यवहार सब, मन में न ल्यावे खेद छ,
गंभीर सागर की नियाँ, रहतो सदा निःक्षोभ छ।
सब कलेश जीं का गळ गया, चित्त ब्रह्माकार छ,
बिन-बैर, प्यार सबसे करे, भव-सिंधु सें बो पार छ ॥ 60 ॥

अज्ञानी बिसय ने त्यागकर भी, बीं में ही आसक्त छ,
ज्ञानी मनुज यानें भोगतां भी, होतो न बिसयासक्त छ ॥ 61
॥
देहाभिमानी मूर्ख जण, धन-धान्य सें छ भागता,
सुख-प्राप्ती का लोभ में बेटा-बेटी ने त्यागता।
न राग की, न त्याग की, नर धीर की दरकार छ,
आशा-डाकण सें छूट्यो ज्यो, भव-सिंधु सें बो पार छ ॥ 62 ॥

मूरख की निजरां सदा ही रहती भाव-अभावमें,
यां, भाव-अभाव का चक्कर में, ज्ञानी न आवे प्रभाव में।
भावना सें जुड़्यो फेर भी अचेत में निर्भाव छ,
मन-चितवणां सें ज्यो छूटे, भव-सिंधु सें बो पार छ ॥ 63 ॥

आरम्भ करतो कर्म ने, ज्यो कामना सें रहित हो,
बाल-सम व्यवहार करतो, खेल-वृत्ति समान ज्यो।
बीं सुद्ध-निरमल सिद्ध के, सब कर्म-किरया नाईं छ,
निर्लिप्त ज्यो निर्वाह सें, सो जग मान्य छ अर धन्य छ
॥ 64 ॥

ज्यो देखतां सुणता हुयां, छूता हुयां या सूंघतां,
खाता हुयां-पीता हुयां- सूतां हुयां या जागतां।
समबुद्धि रह्वे छ सदा, होतो नहीं मन खिन्न छ,
सो धीर छ, सो बीर छ, जग मान्य छ अर धन्य छ ॥ 65 ॥

ज्यो धीर नर आकास सम, रहतो सदा निर्लेप छ,
होव कस्यो भी काल, पर बीनें नहीं बिक्षेप छ।
साधन सभी ज्यो कर चुक्यो, करणो बीनें काईं और छ,
तत्वज्ञ छ, मर्मज्ञ छ, सो धन्य छ, जग मान्य छ **॥ 66 ॥**

कोई बणावट के बिना, ज्यो अविच्छिन्न अर सहज
समाधिस्थ छ।
थिर छ, पूर्णानंद में, सो मान्य छ, सो धन्य छ ॥ 67 ॥

सब बासना सें मुक्त ज्यो, जीने, भोग-मोक्ष कामना नहीं,
ख़तम जीं का सारा कर्म, भाव, सो मान्य छ, सो धन्य छ
॥ 68 ॥

यो महाभूत को खेल छ, द्वैत जगत को सार छ,
यो मामूली सो छ, अलग ब्रह्म को बिसतार छ।
अहंकार, बासना सूँ बंध्या जत्ता संबंध बिकसित करया,
जद आत्मबोध बिकसित हुयो, यां को न कोई काम छ ॥ 69 ॥

यो सगळौ भ्रम -रूप जग, सिम्ट्योड़ो, निरपेक्ष छ,
जगत का लक्ष्य सब निर्लक्ष्य छ, अलक्ष्य आतम लक्ष्य छ।
यो बिरमांड बींको कक्ष छ, भ्रम -रूप जगत प्रपंच छ.
शांति स्वाभाविक बींकी, अर सांत बींको चित्त छ **॥ 70 ॥**

दृश्य भाव देखे नहीं, अनुभव करे निज आत्म को,
बीनें न दीखे त्याग-बैराग, भान नहीं बिधान को।
या सांति भी बीनें ढूंढती, ज्यो सांत-चित्त विशांत छ,
सब दिस-दिशांतर सांत छ, जीं को सुद्धरूप अनंत छ ॥ 71 ॥

अनत-रूप स्फुरण माया✷ को, बीनें न कोई लोभ छ,
बो प्रबुद्ध सिद्ध जोगी जीने, न बंध छ, न मोक्ष छ।
बीनें खुसी न खिन्नता, प्रभु-प्रज्ञान को बो पात्र छ ॥ 72 ॥

✷ कपट-माया

सरीर सें, मन बुद्धि सें, ज्यो संसार ने अनुभव करे,
ज्यो कोरो माया-जाळ छ, थोड़ो न जीमें परमार्थ छ।
ममता-अहंता सें रहित, ज्यो बुद्धिमान निष्काम छ,
माया-अविद्या सें परे, शोभे बो अवधूत छ **॥ 73 ॥**

अक्षय-निरामय* तत्व ही, ईं जगत में भरपूर छ,
बो तत्व, सबको आत्म छ, न पास छ, न दूर छ।
न देह ममता और अहंता, ग्यान नहीं, सन्सार नहीं,
ज्यो सब में अपणा-आप नें, अवधूत बीं को नाम छ ॥ 74 ॥

मंद-मति, सिर्फ कोसीसां सूँ, करे मन एकाग्र छ,
एकाग्रता छूटे तुरत, परलोभनां सें व्यग्र छ **॥ 75 ॥**

मूढ़-मिनख सुण तत्व नें भी, मूढ़ता त्यागे नहीं,
लिप्त रहतो भोग में, योग नें धारे नहीं ॥ 76 ॥

ग्यान सें ही नस्ट होगा, जींका सारा कर्म छ,
लोक-दृस्टि सूँ करता कर्म भी, न करतो बो कर्म छ ॥ 77 ॥

जीं निर्विकारी धीर में, न हरष छ, न बिसाद छ,
न काम छ, न क्रोध छ, न लोभ छ, न प्रमाद छ,
न गृहण छ, न त्याग छ, न दण्ड छ, न इनाम छ।
न पिंड छ, न बिरमांड छ, अवधूत बींको नाम छ ॥ 78 ॥

---

* अमर-अनंत निरोग-निरामय

ज्यो निर्भय छ, भयरहित, मूढ़ता गयी विवेक की,
सुभाव हीं योगी छ, रोस-रहित, धीरज-रहित।
ज्यो, निरबचनीय स्थिति प्राप्त छ, अवधूत बींको नाम छ
॥ 79 ॥

जद सुरग नहीं, नर्क नहीं, तद मुक्ति को महत्व नहीं,
खेबा को कोई अर्थ नहीं, अवधूत बींको नाम सही ॥ 80 ॥

जद चित्त में अमृत भरयो अर भर'र मन सीतल हुयो,
न नफ़ा की करे प्रार्थना न घाटा तणी चिंतित हुयो ॥ 81 ॥

योगी कदे, सत्पुरषां को कीर्तिमान करतो नहीं,
अपणा-मुख सूँ, दुस्ट की निंदा कदे करतो नहीं।
करबा जस्यो, न करबा जस्यो, बीनें कदे दीखे नहीं,
सब स्थितियां में ज्यो थिर रहवै, अवधूत बींको नाम सही
॥ 82 ॥

ज्यो धीर नर-सन्सार में, नहीं प्रेम-बैर करतो कदे,
दुःख-खुसी सें मुक्त यो, जीवतो लागे न मृत कदे।
दीखे जीने न अनात्मा, आत्मा ही अवलोके सभी.
संसारी माया सें दूर छ, निज-आत्म नें धारे अभी ॥ 83 ॥

स्त्री-पुत्र सें नेह नहीं, देहादि में नहीं राग छ,
बिसय-कामना सें मुक्त ग्यानी, निज-आत्म में अनुराग छ
॥ 84 ॥

ज्यो प्राप्त हो प्रारब्ध सें, बीसूं जीविका निरवाह छ,
देस-बिदेस, काईं नहीं। सब आपणो ही प्रदेश छ।
स्वच्छंद बिचरतो जीव छ, निज तृप्ति में तल्लीन छ,
'विश्राम वहां-सूर्यास्त जहाँ' सुखी संतुस्ट बो धीर छ ॥ 85 ॥

बिसराम करतो छ सदा, ज्यो निज सुभाव की भूमि में,
सुख-रूप में थिर सदा, जग-भूलयां सी नींद में।
चिंता सता सके नहीं, बीं आतमा की देह नें **॥ 86 ॥**

संकीर्णता नें त्यागकर स्वछन्द बिचरण ज्यो करे,
द्वन्द रहित, संसय रहित, आसक्तिहीन एकांत धरे।
सब भावां में बो बुद्ध पुरुष, एकलो रमण करे **॥ 87 ॥**

ममता मुक्त ग्यानी तणी, सोनो- माटी सब समान छ,
मन का पट जींका खुल गया, बो धीर सोभा-मान छ।
रज-तम जींका घुळ गया, बी नें मिले निर्वाण छ **॥ 88 ॥**

ज्यो मुक्त छ, व्यवधान सूँ, अर उदासीन बिलास सूँ,
ईं भांत की मुक्तात्मा की तुलना, न कोई सें हो सके ॥ 89 ॥

देखता हुयां, ज्यो देखे नहीं, बोलतो ज्यो बोले नहीं,
बो जाणे चाहे न जाणे बासना मुक्त बो धीर छ ॥ 90 ॥

शोभित-अशोभित मति, गलित हुई, और ज्यो निष्काम छ,
रंक हो या भूपति, बो ही सोभायमान छ ॥ 91 ॥

यथार्थता बोले जीमें, बो सरल छ-निष्कपट छ,
होव कैयां स्वछंदता जी में न कोई संकोच छ **॥ 92 ॥**

अपणा-आप में थिर होकर, तृप्त ज्यो आसा-रहित,
बीं, ग्यानी को अंतस-अनुभव, हो न सके, किंचित वरणित
॥ 93 ॥

ज्यो सूतोडो पण नींद(गहरी) में नहीं, न सोयोड़ो सपना में.
जाग्योड़ो-पण जागे नहीं, तृप्त-धीर बो अपणा में ॥ 94 ॥

चिंता-भरयो ज्यो दीख रह्यो, फेर भी चिंता-मुक्त छ,
मन-बुद्धि को भाव लियाँ, पण मन बुद्धि सें मुक्त छ।
ग्यानी-अभिमानी सो दीख रह्यो, पण अहंकार सें मुक्त छ
॥ 95 ॥

न छ सुखी अर न दुखी, रागी नहीं न विरक्त छ,
साधक नहीं अर न सिद्ध छ, न बंध छ, न मुक्त छ।
किंचन-अकिंचन भी नहीं, ग्यानी बो परिपूर्ण छ **॥ 96 ॥**

पगलाई में पागल नहीं, पण्डिताईं में पंडित नहीं,
मूढ़ता में मूढ़ नहीं, समाधि में, समाधिस्थ नहीं।
देह-दिखे पर देही नहीं, स्वयं ने बिदेह मानतो,
अस्या धन्य अवतारी नें, बस्यो ही बिरलो पिछाणतो ॥ 97 ॥

करयोड़ा अर करबा जोग सब कामां में तृप्त छ,
सदा-सदा अर हर जगां, मुक्त पुरुष बो स्वस्थ छ
कर्म की बिस्मृति सें ही, मुक्त रहतो ज्यो सदा।
अस्या ग्यानी धीर नें बस्यो ही बिरलो जाणे सदा ॥ 98 ॥

स्तुति सें होव न प्रसन्न ग्यानी, खिन्न न होवै निंदा सें,
मौत-भय सें भीत न हो, अर हरसे नहीं जीवां सें ॥ **99** ॥

छ मुक्त बो ज्यो सांत रह, घर अरण्य में निवास करे।
जंगळ में मंगल मिले, सब जगां समभाव रह्वै।
सदा-सर्वदा, सब जगां, आत्म-सुख अमृत पान करे॥

- अट्ठारवों परकरण पूरो हुयो

उन्नीस्वों परकरण

(अपणा-आतम में थिर रहबो ही परम् अवस्था छ)

राजा जनक जी बोल्या-

हे प्रभो! म्हारा गुरुवर!! यो संसि (तत्व ज्ञान की) रुपी ज्ञान लियाँ,
तिरसूळ म्हारा बिचारां का, निर्मूळ सारा कर दिया ॥ 1 ॥

अपणी महिमा में थिर मने, कोड़े कर्म कोड़े धर्म छ,
अर द्वैत-अद्वैत कोड़े, कोड़े विवेक अर अर्थ छ ॥ 2 ॥

नित अपणा में थिर मने, कोड़े भूत अर कोड़े भविस्य छ,
जद अपणी महिमा जाण ली, अब सब ई पल समान छ।
कोई पूरब पच्छिम नहीं, देस दिसा सब अरूप छ,
म्हारा ही फेल्योड़ा दृश्य सभी, बस एक आत्म अनूप छ ॥ 3॥

अपणी महिमा में थिर हुयो, मैं बोध मात्र अति शून्य छूं,
जद मैं ही अखंड तत्व फेल्योड़ो आकाश छूं।
फेर आत्म अर अनात्म कोड़े, सारा अनुभव हुआ अमात्र,
सुभ-असुभ को भेद गळ गयो, फेर चिंत-अचिंत हुयो एकमात्र ॥ 4 ॥

अपणी महिमा में थिर मने, न सपनो रह्यो न सुषुप्ति बची।
फेर जाग्रत कोड़े, तुरीय* कोड़े, बस एक प्रगाढ़ चेतना बची
॥ 5 ॥

अपणी महिमा में थिर म्हारे ताईं, न पास काईं न दूर काईं,
न बारे काईं न अंदर काईं, न सूक्ष्म अर न स्थूल काईं ॥ 6 ॥

अपणी महिमा में थिर मने, दीखे मृत्यु काईं -जीवन काईं,
लोक जद हो गयो लुप्त, लौकिक अर परलौकिक काईं।
लय समाधी सब शून्य हुई, तो लय काईं अर समाधी काईं
॥ 7 ॥

अपणी आतमा में सांत मने, त्रिवर्ग कथा पर्याप्त छ।
योग कथा पर्याप्त छ, बिज्ञान कथा पर्याप्त छ ॥ **8** ॥

- उन्नीस्वों प्रकरण पूरो हुयो

---

* आत्मा की ब्रह्मलीन अवस्था।

बीसवों परकरण

(अपणा आप में खोतां ही सारो द्वन्द समाप्त हो जाय छ)

जनक जी बोल्या-

अंजन मुक्त(निरंजन) म्हारा रूप ताईं, कोड़े वायु, अग्नि, जळ, आकास,
काईं देह अर इन्द्रियां काईं, काईं शून्य अर काईं नैराश्य ॥ 1 ॥

निज द्वन्द मुक्त अनंत माईं, छ ज्ञान-आत्म बिज्ञान नहीं,
जद चाहना नहीं, बासना नहीं, फेर बिसय नहीं अर मन नहीं।
जद एक निरंजन रूप बच्यो, तो शास्त्र बच्या न तृप्ति रही ॥ 2 ॥

रूप-सरूप को बिचार नहीं, अर विद्या नहीं, अविद्या नहीं,
थारो-म्हारो बच्यो नहीं, अर हुयो बिलय मैं, में तू ही ॥ 3 ॥

कर्म बच्या न मुझ निर्बिसेस ताईं, तो बद्ध नहीं, प्रारब्ध नहीं,
विदेह केस्यो अर केवल्य काईं? अर मुक्ति जीवन की काईं।
सारा ख़ास (विशेष) अखास हुआ जद निरबिसेस्ता आई ॥ 4 ॥

सुभाव गयो'र गयो अहंकारी मन, फेर कर्तापन बच्यो नहीं,
भोगता फेर होतो कयां, ईंको भी किंचित भान नहीं।
फळ काईं अर निष्फळ काईं करबो न करबो भी बच्यो नहीं।
काईं छाने-काईं सामने, अब काईं आत्म सिवाय नहीं ॥ 5 ॥

म्हारा एकला सरूप ताईं, लोक कोड़े अर मोक्ष काईं।
ग्यानी काईं अर जोगी कोड़े, फेर बंधन अर मुक्ति काईं ॥ 6 ॥

मुझ द्वैत हीन सरूप ताईं, जगत काईं अर परलय काईं,
साधक-साधन-साध्य काईं अर सिद्धि साकार काईं ॥ 7 ॥

म्हारा निरमल सरूप ताईं, काईं बोध अर काईं परमाण,
किंचन-अकिंचन को भाव नहीं, जद आत्मा नहीं जोग परमाण
॥ 8 ॥

मैं छूं सदा किरया सें मुक्त, फेर काईं एकाग्रता अर काईं
विकलता,
कोड़े ज्ञान, मूढ़ता कोड़े, काईं खुसी अर काईं खिन्नता ॥ 9 ॥

मैं निर्विकारी रूप म्हारो, कोड़े द्वार-बेवार छ,
कोड़े स्वार्थ-परमार्थ मने, जद सारो अलख अरूप छ ॥ 10 ॥

---

* (प्रमाण योग्य)

म्हारा निरमल रूप में जग कोड़े अर कोड़े माया बिस्तार छ,
कोड़े विरति अर प्रीत म्हारे में, कोड़े जीव अर बृह्म छ
॥ 11 ॥
स्वस्थ रूप कूटस्थ मैं, कोड़े मुक्ति अर कोड़े बंध छ,
म्हारे में कोड़े प्रवरती-निवृत्ति, जद एक अखंड अरूप छ ॥ 12 ॥

उपाधिहीन कल्याण रूप म्हारो, कोड़े बाणी उपदेस छ,
कोड़े सिस्य कोड़े गुरु, महार में कोड़े शब्द अर कोड़े सास्त्र छ
॥ 13 ॥

कोड़े म्हारा में एक अर दो, कोड़े अस्ति अर नास्ति छ,
भोत खेबा को प्रयोजन काईं, अब बस एक गहन सांति छ
॥ 14 ॥

- बींसवों परकरण पूरो हुयो

॥ ॐ शांति ॥

सन्दर्भ-सूची

1. अष्टावक्र-गीता (भाषा-टीका सहित)
   रायबहादुर बाबू ज़ालिम सिंह
2. अष्टावक्र गीता: प्रो राजाराम गुप्ता
3. अष्टावक्र गीता :लाला बैजनाथ
4. अष्टावक्र महागीता : (हिंदी संस्करण) एम् आई राजस्वे
5. अष्टावक्र गीता: (हिंदी संस्करण) आचार्य प्रशांत
6. अष्टावक्र गीता: पं. सत्यकाम विद्यालंकार
7. अष्टावक्र गीता: द हार्ट ऑफ़ अवेयरनेस: संस्कृत और अंग्रेजी (द्विभाषी संस्करण) जॉन रिचर्ड्स
8. अष्टावक्र गीता: आत्म साक्षात्कार का गीत। स्वामी चिन्मयानंद (लेखक) द्वारा
9. अष्टावक्र गीता (राजा जनक और अष्टावक्र संवाद): श्री नन्द लाल दशोरा
10. अष्टावक्र गीता : विश्वामित्र
11. अष्टावक्र गीता : स्वामी प्रखर प्रज्ञानंद
12. अष्टावक्र महागीता: ओशो ऑडियो टेप्स के द्वारा
13. अष्टावक्र गीता - जगद्गुरु स्वामी श्री रामभद्राचार्य जी के विभिन्न प्रवचन उनके श्रीमुख से।

--इति--

अष्टावक्र गीता

राजा जनक जी अरअष्टावक्र जी को प्रश्न अर उत्तर का रूप में बांको आपसी संवाद छः जो मूल रूप में संस्कृत में छः। भोत सा ज्ञानीजन अर बिदवान बींकी व्याख्या अर अलग अलग भासावां में अनुवाद करयो छः। जीमें मैं म्हारी अल्पबुद्धि अनुसार 'ओशो' की व्याख्या अर जगद्‌गुरु रामभद्राचार्य जी का महाकाव्य नें आज काल का समय में समझबा का हिसाब सें सर्वश्रेष्ठ मानूँ छूँ।

अद्‌वैत वेदांत का बिदवान अष्टावक्र जी अस्या बुद्ध पुरुष छा जांको नाम अध्यात्म की दुनिया में भोत सम्मान सें लियो जाय छः। बे शरीर सें आठ अंगा सें आँका-बांका(टेढ़ा) छा जींसें बांको नाम "अष्टावक्र" पड़्यो। अष्टावक्र जी जद गर्भ में छा तो वेद-पाठ करता आपका पिताजी नें गर्भ सें ही टोक दिया क थे हर सिलोक में आठ-आठ गल्त्यां कर रह्या छो अर सास्त्रां में ग्यान कोड़े छः, ये तो खाली सबदां का संग्रह छः। पिताजी आत्मज्ञानी तो छा कोने पंडित छा, बांको अहंकार अर बाप पणो जागगो अर बे गर्भ में पळ रह्या बीं बाळक नें ही सराप दे दियो क जद तू पैदा होलो तो आठ अंगा सें टेढ़ो होलो।

गर्भ (माँ का पेट) सें टोकबा की बात बुद्धि या तरक सें समझ में आबो मुसकिल छः पण अध्यात्म सें इन समझयो जा सके छः क जियां बीज नें तोड़बा सें बीमें कोई पेड़ कोने दीखे पण एक बिसाल पेड़ को जनक तो बो बीज ही छः न तो मतलब, बीं बीज में एक बिसाल पेड़ छूपयोडो छः बयां ही गर्भस्थ बाळक दिन-दिन बढ़'र नौ महना में बारे आवे छः,

ऊँको बो गर्भस्थ जीवन अपणा-आप में एक मिनख को सम्पूर्ण व्यक्तित्व छुपा'र राखे छः मतलब अपरगटयोडा रूप में जो भी अंतर्निहित छः बिकास बीं को ही हो छः।

अष्टावक्र जी को ग्यान किताबां, पण्डितां अर समाज सें लियोडो कोने छो, बीनें बे पूरण ले'र (अर्जित) ही पैदा हुआ छा।

बारा बरस का एक बाळक 'अष्टावक्र' सें जद राजा जनक आपकी जिज्ञासावां को जो समाधान प्रश्न-उत्तर रुपी संवादां सें करायो बो ही अद्‌वैत वेदांत का महान ग्रंथ 'अष्टावक्र-गीता का नाम सें जाण्यो जाय छः अर बींका ईं म्हारा अनुवादित प्रयास नें मैं 'जनक-जिग्यासा' को नाम दियो छः।

"अष्टावक्र-गीता" राजा जनक जी और ऋषि अष्टावक्र के बीच प्रश्न और उत्तर के रूप में उनका आपसी संवाद है जो मूल रूप में संस्कृत में है। बहुत से ज्ञानीजन और विद्वानों ने इसकी व्याख्या लेखक के रूप में, और विभिन्न भाषाओं में अनुवाद, अनुवादक के रूप में समाज के सामने प्रस्तुत किये। मेरी अल्पबुद्धि के अनुसार जो प्रवचन मैंने जगद्गुरु श्री रामभद्राचार्य जी और आचार्य रजनीश "ओशो" के श्री मुख से सुने आज के समय में इसे समझने की दृस्टि से श्रेष्ठतम मानती हूँ। अत्यंत गूढ़ विषय होने के कारण आमजन इससे आसानी से अपने आपको जोड़ नहीं पाते यह भी एक पक्ष है और इसी लिए इसको राजस्थानी (ढूंढाड़ी) भाषा के जानकार आमजन सिर्फ इतना सा जान और समझ सकें की सनातन धर्म के इस अनमोल ग्रन्थ में आखिर है क्या ? यह प्रयास प्रस्तुत है।

अद्वैत वेदांत के विद्वान् अष्टावक्र जी ऐसे बुद्ध पुरुष हैं जिनका नाम अध्यात्म की दुनिया में बहुत सम्मान से लिया जाता है। वो शरीर में आठ जगह में अपने अंगों से टेढ़े-मेढ़े थे इसलिए उनका नाम अष्टावक्र पड़ा। अष्टावक्र जी जब गर्भ में थे तो उन्होंने अपने वेद-पाठ करते पिता को गर्भ से ही टोक दिया की आप हर श्लोक में आठ-आठ गलतियां कर रहे हो और शास्त्रों में ज्ञान कहाँ है ये तो केवल शब्दों का संग्रह है। पिताजी आत्मज्ञानी तो थे नहीं, पंडित थे सो उनका अहंकार और "पितापन" जाग गए और उसी क्रोधभाव में उनोहने गर्भस्थ बालक को श्राप दे दिया की जब तू पैदा होगा, आठ अंगों से टेढ़ा होगा।

अष्टावक्र जी का ज्ञान किताबों, पंडितों और समाज से लिया हुआ नहीं था वो तो वे पूर्ण रूप से गर्भ में अर्जित करके ही पैदा हुए थे।

बारह वर्ष के एक बालक 'अष्टावक्र' से जब राजा जनक ने अपनी जिज्ञासाओं का जो समाधान प्रश्नोत्तर रूपि संवादों से करवाया, वही अद्वैत वेदांत का महान ग्रंथ 'अष्टावक्र-गीता का नाम से जाना जाता है और उसके इस मेरे अनुवादित प्रयास को मैंने नाम दिया है-"जनक-"जिज्ञासा"।

www.ingramcontent.com/pod-product-compliance
Lightning Source LLC
La Vergne TN
LVHW091116150826
845673LV00002B/853

* 9 7 9 8 8 9 0 2 6 9 8 1 2 *